O endereço de Deus

A busca da felicidade através da fé

Carlos Afonso Schmitt

O endereço de Deus

A busca da felicidade através da fé

Dados Internacionais de Catalogação na Publicação (CIP)
(Câmara Brasileira do Livro, SP, Brasil)

Schmitt, Carlos Afonso
O endereço de Deus : a busca da felicidade através da fé / Carlos Afonso
Schmitt. – São Paulo : Paulinas, 2015. – (Coleção céu na terra)

ISBN 978-85-356-3897-4

1. Conduta de vida 2. Deus 3. Espiritualidade 4. Felicidades – Aspectos
religiosos 5. Vida espiritual I. Título. II. Série.

15-01338   CDD-248.4

Índices para catálogo sistemático:
1. Felicidade : Aspectos religiosos : Cristianismo   248.4

1ª edição – 2015
1ª reimpressão – 2016

Direção-geral:	*Bernadete Boff*
Editora responsável:	*Andréia Schweitzer*
Copidesque:	*Mônica Elaine G. S. da Costa*
Coordenação de revisão:	*Marina Mendonça*
Revisão:	*Ana Cecilia Mari*
Gerente de produção:	*Felício Calegaro Neto*
Projeto gráfico:	*Manuel Rebelato Miramontes*
Diagramação:	*Jéssica Diniz Souza*
Imagem de capa:	© *kesipun – Fotolia*

Nenhuma parte desta obra poderá ser reproduzida ou transmitida
por qualquer forma e/ou quaisquer meios (eletrônico ou mecânico,
incluindo fotocópia e gravação) ou arquivada em qualquer sistema ou
banco de dados sem permissão escrita da Editora. Direitos reservados.

Paulinas

Rua Dona Inácia Uchoa, 62
04110-020 – São Paulo – SP (Brasil)
Tel.: (11) 2125-3500
http://www.paulinas.org.br – editora@paulinas.com.br
Telemarketing e SAC: 0800-7010081

© Pia Sociedade Filhas de São Paulo – São Paulo, 2015

Sumário

Introdução 7

1. Você quer saber onde ele mora? 13

2. A busca suprema..16

3. Onde você pode encontrá-lo....................................20

4. "Deus é Amor" 23

5. Uma rosa vermelha era seu sinal 26

6. No silêncio da contemplação...................................31

7. A Bíblia Sagrada revela sua face 36

8. A natureza nos fala dele 40

9. No serviço ao próximo...44

10. Seus anjos me salvaram..47

11. Na dor uma despedida 52

12. Na alegria de um reencontro 56

13. Uma tragédia anunciada.......................................59

14. Apenas um copo d'água 63

15. Um oásis no deserto..66

16. Onde dois ou três se reunirem...............................70

17. As epifanias de Deus 74

18. As flores nos falam do Criador 77

19. No encanto de um pôr do sol 80

20. Na imensidão do universo..84

21. Na brevidade da vida 86

22. Assim na terra como no céu 90

23. Vislumbres do seu "endereço"..................................93

24. O sagrado nos permeia...98

25. Imagens: fantasias de Deus? 101

26. Somos todos pecadores? 104

27. Parceiros da criação...108

28. Milagres acontecem...111

29. Somos ainda imperfeitos...115

30. Os sinais que nos são enviados 119

31. Como bons amigos...123

32. Nossa mente em busca de Deus 127

33. Na experiência da unicidade 131

34. Sua casa, seu coração – eis "o endereço de Deus" 135

35. Buscar, buscar sempre! 139

Introdução

Os homens do século XXI vagueiam errantes, como que perdidos num deserto árido, sem rumo e sem horizonte confiável.

Buscam desesperadamente a *felicidade* e, muitas vezes, tornam-se mais vazios e infelizes ainda.

Buscam o *prazer*, sob todas as formas possíveis, e cada vez mais a sensação de uma terrível frustração os acompanha.

Buscam na *religião* ou no *dinheiro* as tão sonhadas respostas para as mais inquietantes perguntas que os angustiam.

Buscam, aliás, *respostas e mais respostas* – prontas, fáceis, rápidas –, como se houvesse uma receita disponível para cada uma de suas perguntas.

Buscam... incessantemente buscam!

Se eles soubessem "o endereço de Deus" e insistentemente o procurassem, teriam as respostas que tanto almejam. Seu inquieto coração se acalmaria. Sua mente indagadora iria sossegar. E seu espírito vivenciaria a paz.

Suas perguntas, no entanto, não calam.

– Estaria a Divindade escondida no alto das montanhas, nas profundezas do mar ou nas entranhas da terra?

Uma lenda indiana afirma que essa descoberta levaria o homem a ser igual a Deus, sonho que desde as origens o acompanha. E, sendo assim, teria poder. E, tendo-o, seria feliz.

Ainda hoje a pergunta persiste: enfim, *onde moraria Deus?*

– No alto dos céus?

– No coração das pessoas?

– Naqueles que o amam?

– Num pôr do sol?

– Na beleza da flor?

– Num sorriso de criança?

O Mestre dos mestres, Jesus, falou-nos da "casa" de Deus, onde há muitos lugares. Forneceu-nos preciosas informações de como chegar até lá. Teria, inclusive, "lugar para todos", tão espaçosa e acolhedora seria essa "casa do Pai" (Jo 14,2).

Você gostaria de procurá-la comigo?

Ponha-se a caminho!

Tenho certeza de que encontrará "o endereço de Deus". E, ao encontrá-lo, suas perguntas terão resposta, seu coração se aquietará e sua felicidade será imensa.

Imensa como o próprio Deus!

*Procurai o Senhor enquanto é possível encontrá-lo,
chamai por ele agora que está perto.
(Is 55,6)*

*Procurai e encontrareis!
Batei e a porta vos será aberta!
(Mt 7,7)*

1. Você quer saber onde ele mora?

Preparando os discípulos para sua despedida, para que não sofressem tanto com o impacto dos trágicos acontecimentos que envolveriam seus últimos dias, Jesus usou uma encantadora metáfora para consolá-los antes da partida: "Não se perturbe o vosso coração! Crede em Deus, crede também em mim. Na casa de meu Pai há muitas moradas. Não fosse assim, eu vos teria dito. Vou preparar um lugar para vós. E depois que eu tiver ido e preparado um lugar para vós, voltarei e vos levarei comigo, a fim de que, onde eu estiver, estejais vós também. E para onde eu vou, conheceis o caminho" (Jo 14,1-4).

Uma das sensações mais desagradáveis que se pode experimentar é achar-se perdido. Errar o caminho ou simplesmente não ter a menor ideia de onde ir para chegar ao destino proposto é extremamente desconfortável. Nosso coração se perturba e nossa ansiedade cresce. Sentimo-nos inseguros, receosos em prosseguir. O medo e a dúvida se apoderam de nós. E agora?...

Nada melhor nesse impasse do que a ajuda de alguém que conheça o caminho. Alguém que nos oriente, nos dê segurança em meio às nossas incertezas. É como uma luz que se acende na escuridão: tudo se transforma instantaneamente. A paz e a serenidade retornam e seguimos o caminho. Sabemos agora para onde ir. E isso nos basta. Prosseguimos confiantes, seguros de estarmos no rumo certo.

O Mestre Jesus falava de maneira extremamente familiar com os discípulos. Como se Deus também tivesse "uma casa". E não uma casa qualquer: simples e pequena como a dos próprios apóstolos. Falava-lhes, ao contrário, de uma *casa muito grande*, onde "há muitas moradas". Como se fosse um condomínio ou edifício com muitos apartamentos. Haveria *lugar para todos*, sem necessidade de "perturbar-se" por falta de espaço.

Ele mesmo iria indicar-lhes como chegar até lá. Aliás, eles já o sabiam... O único que sempre questionava tudo – Tomé – novamente estava inquieto. "Como conhecer o caminho sem saber para onde o Mestre iria?"

"Senhor", disse-lhe Tomé, "não sabemos para onde vais. Como podemos conhecer o caminho?" "Eu sou o Caminho, a Verdade e a Vida. Ninguém vai ao Pai senão por mim", respondeu-lhe Jesus (Jo 14,5-6).

Você também quer chegar a Deus?

– Eu sou o Caminho – diz-lhe Jesus.

Quer ter a certeza de sua fé?

– Eu sou a Verdade – afirma-lhe o Mestre.

Quer viver para sempre?

– Eu sou a Vida – assegura-lhe o Cristo.

Suas perguntas e dúvidas, no entanto, ainda persistem. "Será que estou no caminho certo? É nele que vou encontrar 'o endereço' de Deus?"

2. A busca suprema

O desejo mais profundo que mora no coração de todo ser humano é o de ser feliz. Faz-se tudo, consciente ou inconscientemente, em nome da felicidade. Nenhum anseio supera essa busca suprema. E nada satisfaz a finitude humana enquanto seus passos não forem orientados para Deus. Quem carrega em seu íntimo uma herança divina, com sonhos de infinito, é incapaz de realizar-se com bens meramente materiais.

Deus e felicidade, felicidade e Deus: ambos se interligam e a tal ponto se complementam que a exigência de reciprocidade é indispensável para dar sentido pleno ao ser humano.

– São "sinônimos" para os anseios da alma?

– Encontrando Deus, seríamos necessariamente felizes?

– E a verdadeira felicidade inevitavelmente nos levaria de novo a Deus?

Relembrando a lenda indiana da qual falamos na introdução do livro, a sabedoria dos deuses

– receosos de perder seu poder – foi unânime: "Vamos esconder a Divindade no interior do próprio homem. Lá, com certeza, ele nunca a encontrará".

Eis que surge uma pista: *Deus* e a *felicidade* morariam no interior do próprio ser humano? Este, distraído consigo mesmo, sem conhecer-se profundamente, procuraria "fora dele" a resposta que tanto almeja?

Há séculos ele age assim. Há séculos sente-se insatisfeito, na eterna busca de Deus.

Sua trajetória inicia-se pela concepção de um Deus Poderoso, Criador Supremo, Deus guerreiro, vingador dos que desrespeitam suas leis, até chegar ao Pai misericordioso que acolhe o filho pródigo e, na pessoa de seu Filho Jesus, ampara os fracos e cura os enfermos, perdoa os pecadores e redime a humanidade.

Quando em sua busca o homem se interioriza pelo *silêncio* e pela *oração contemplativa*, suas mãos ficam próximas de tocar as mãos de Deus. Experiência única, impossível de ser descrita ou partilhada, o crente vivencia em seu coração os primeiros momentos da grande descoberta.

"*Eu sou*, para você, quem você descobrir que *eu sou*", confidencia-lhe Deus por seus profetas.

Deus *é*. E assim sendo, é *vida* de minha vida. *Ser* do meu ser. Acolho seu mistério em meu coração e vivencio sua presença.

A busca é diária. As descobertas também.

A fé se intensifica em proporção a suas experiências internas. Aos poucos você aprende que não é nas coisas exteriores que se encontra Deus. Elas podem ser "pistas de acesso", caminhos de encontro. Nada mais. Sua busca prossegue.

Afinal, *onde mora Deus? Onde mora a felicidade?*

Muitos são "os endereços de Deus".
Tantos quanto as pessoas que existem sobre a face da terra.
Isso não é uma boa notícia? Ótima!
Alegre-se, pois: existe um "endereço de Deus" só para você.
Um dia, com certeza, vai encontrá-lo.
Continue sua busca!

3. Onde você pode encontrá-lo

Ao longo destas páginas vou apresentar diversos relatos – todos verídicos – de pessoas que descobriram "o endereço de Deus" e se encontraram com o Senhor. Das mais simples e estranhas às mais complicadas e dramáticas situações, *todas*, do seu jeito, tiveram um encontro especial com Deus. A Luz brilhou no coração de cada uma e, mais do que nunca, sentiram a *presença do divino* em suas vidas. E tudo, a partir desse dia, modificou-se. Seus pensamentos deixaram de ser os mesmos. Seus desejos criaram um sentido novo. Suas expectativas tornaram-se outras. *Em seu íntimo, algo mudou profundamente.*

É como se tivessem visto a face de Deus e sobrevivido. E assim, *transfiguradas*, vivessem uma experiência totalmente nova.

Fiquemos atentos aos acontecimentos de nossa vida. Quando menos esperamos, Deus se manifesta. É preciso que os olhos do espírito estejam abertos. Os sinais que estão sendo enviados, às vezes, são sutis e misteriosos e facilmente passam despercebidos. Mais uma vez perderíamos a oportunidade de encontrar seu "endereço".

Viver antenado: eis um segredo digno de consideração. Quem assim vive, capta os *sinais* que o universo espiritual envia. E são muitos! Todos importantes.

Onde você pode encontrar a Deus?

Uns o encontram na leitura da Sagrada Escritura. Outros na Eucaristia e na oração. Outros, ainda, na dedicação ao próximo.

Há quem o encontre na alegria. Há quem, na dor, descubra sua força. Há, ainda, quem se depare com ele na doença.

A natureza o revela. O olhar de uma criança o expressa. A morte de um familiar aproxima-o de nós. Num céu estrelado, na fúria de uma tempestade, num momento de amor: *eis que aí ele está*, sempre com algo a nos dizer.

O silêncio da contemplação; o cantar dos pássaros; a harmonia do universo; o encanto de uma flor; a perfeição do cérebro humano; a vida e a morte: *tudo nos fala de Deus.*

No seu íntimo ele mora. É lá seu "endereço". "Acaso não sabeis que sois templo de Deus e que o Espírito de Deus habita em vós?" (1Cor 3,16). "Saber", sabíamos... Vivenciar diariamente esta fantástica realidade: eis o que ainda nos é difícil. Não é assim que a maioria das pessoas pensa?

Buscar a Deus, *dentro de si, no âmago do seu coração*, é o caminho mais curto e seguro para encontrá-lo. Persistir na caminhada com fé e paciência, como quem anda no deserto crente na certeza de um oásis. Parar seria morrer.

Não há alternativa: é preciso prosseguir na busca. O dia de sua revelação está próximo. Mais um pouco, mais uns passos, e chegaremos ao destino.

Começamos a sentir sua presença. Uma atmosfera sagrada nos envolve. *Respiramos Deus.* Ele está aí, temos certeza. Não o vemos, não o ouvimos... apenas *sabemos que ele está aí.* Nosso coração no-lo diz. E isso nos basta.

4. "Deus é Amor"

No Antigo Testamento, quando Moisés recebeu de Deus a incumbência de tirar os israelitas do Egito, libertando-os da escravidão a que foram submetidos por longos e penosos anos, o Senhor se identificou como "Eu sou aquele que sou" (Ex 3,14).

Moisés lhe perguntara o que deveria responder se os israelitas indagassem a respeito do nome de quem o enviara. O "eu sou" – o Eterno, o Permanente, o Imutável – estava enviando Moisés para tirar o povo hebreu do Egito. O "Deus conosco", aquele que se preocupa com as injustiças sofridas pelo povo. O Deus-de-sempre, aquele que abençoara Abraão e no qual os antepassados criam.

Misteriosa e profunda, difícil de ser entendida, assim era a *autodefinição* que Deus apresentara a Moisés. Que o povo soubesse que *era o Deus de sua história revelando-se*. Aceitar, pela fé, sua existência, mesmo que à razão não tivesse explicações palpáveis para oferecer, era isso que lhes pedia.

Séculos depois – acompanhando a evolução religiosa da humanidade – o apóstolo São João define Deus de forma bem diversa e carinhosa: "Deus é amor" (1Jo 7,8).

Tudo se resume nisso, porque o amor é a causa, a razão de tudo que existe no universo. "E quem ama, conhece a Deus e quem permanece no amor, permanece em Deus e Deus nele" (1Jo 4,7.16).

"O endereço de Deus" é o amor. Quem ama o próximo, ama a Deus. No *outro*, Deus se manifesta. Nele, *você* o encontra. Eis, portanto, um caminho seguro, um "endereço" fácil de descobrir. Ao seu lado, em qualquer direção sempre haverá alguém que mereça seu amor. Cuidado, solidariedade, inclusão... caminhos que aproximam você de Deus.

Pare de correr atrás de todos os gurus que se apresentam como os grandes guias que o conduzirão a Deus!

Você mesmo sabe o caminho seguro que o leva ao encontro do Senhor.

O *Espírito*, que habita em você, inspira-lhe a certeza dos passos que devem ser dados.

Prossiga em sua busca: é *dentro* de você, é ao seu *lado*, que Deus mora.

Abra seu coração e verá a presença do Senhor, sentirá o toque de sua mão a acolhê-lo.

No amor, você o descobre. No amor, o reconhece. Permaneça, pois, no amor.

Reflita ainda com o escritor e jornalista italiano Igino Giordani: "O amor, que é a alma de Deus a respirar entre nós, tudo pode e nunca falece. Tudo desaba; as profecias terminam, as línguas cessam, a ciência some, a civilização despedaça-se; a arte, a glória e o dinheiro dissipam-se. Mas a alma – que é o amor de Deus – não tem fim, porque é vida, porque é vida de Deus que não morre".

5. Uma rosa vermelha era seu sinal

O coração humano projeta o caminho,
mas é o Senhor quem dirige os passos
(Pr 16,9).

Deus tem inúmeras maneiras de manifestar--se. Muitas delas contradizem nossa lógica humana, pobre em seus estreitos raciocínios.

Há quem pense que Deus deveria aparecer em glória e esplendor, rodeado de luz e poder, manifestando sua onipotência aos olhos perplexos dos humanos. Há quem prefira encontrar-se com ele na simplicidade e no silêncio, na paz da oração.

Deus, porém, surpreende-nos constantemente. Suas "preferências pessoais" para entrar em contato superam de longe nossa limitada imaginação.

Moisés ficou maravilhado ante o espetáculo da *sarça ardente*, que, em chamas, não se consumia. Nunca presenciara nada igual (cf. Ex 3,1-15). E a voz de Deus ecoou do meio da sarça chamando

Moisés. Era ele, o Senhor, compadecido com o sofrimento do povo e disposto a libertá-lo pela mão de Moisés.

O profeta *Elias*, desanimado e com medo, chegou ao monte Horeb e o Senhor se manifestou, encorajando-o a retomar sua missão: "Sai e permanece sobre o monte diante do Senhor" (cf. 1Rs 19,1-18).

Qual seria o *sinal* de Deus? Um vento impetuoso? Um tremor de terra? Um fogo devorador? O murmúrio de uma brisa ligeira? Sim! Na suavidade de uma brisa, na simplicidade e na ternura, Deus se manifestou ao profeta.

Viajava eu, certo dia, de Curitiba a União da Vitória (PR) para proferir uma série de palestras num encontro de jovens daquela cidade.

Sentia-me ansioso e indeciso, sem saber ao certo se esta era a melhor opção. Vivia atarefado, cheio de inúmeros compromissos pastorais. Como aceitara largar tudo e viajar para tão longe a fim de atender ao insistente convite do coordenador daqueles jovens? Nem eu sabia exatamente o que estava fazendo naquele ônibus! Teria sido melhor ficar em casa, ou Deus estaria, de fato, chamando-me para aquela missão?

Era de tarde e eu rezava pedindo a Deus um *sinal* que confirmasse sua vontade a respeito de minha viagem. Em meio à prece, veio-me a ideia de pedir a Deus que me enviasse alguém – em minha estadia na cidade – que me ofertasse uma *rosa vermelha*. Percebi, no mesmo instante, o atrevimento que tivera em pedir ao Senhor *um sinal de aprovação*. Era tarde... o pedido fora feito.

À noite, na cidade, num jantar com cursilhistas, eis que Deus me surpreende com seu imenso amor! Os novos integrantes do movimento de Cursilho da Cristandade, acolhidos festivamente naquela noite, receberiam uma rosa vermelha de seus padrinhos. Menos um, que não pudera vir devido a um filho doente. Havia, porém, "um convidado especial" no jantar daquela paróquia: eu, Carlos Afonso...

A emoção tomou conta de mim e não pude conter as lágrimas quando alguém se aproximou com uma lindíssima *rosa vermelha* em suas mãos. Ao entregá-la, disse-me alegremente: "Seja bem-vindo! Deus o trouxe entre nós para falar aos nossos jovens!". Chorei de alegria e gratidão, e sem conter minha emoção, relatei à assembleia o pedido que havia feito a Deus em minhas preces vespertinas. A emoção foi geral e todos louvaram a Deus pelo gesto bondoso que tivera para com seu mensageiro. Agora sim, eu tinha certeza de que agira certo ao estar naquele lugar em que era para estar. Meu pedido fora confirmado.

"O endereço de Deus" pode ser uma sarça ardente, o murmúrio de uma brisa, uma rosa vermelha... Pouco importa como o Senhor se manifesta: importa que entendamos seu sinal, compreendamos sua mensagem e nos encontremos com ele.

Abra os olhos de seu coração, amigo leitor, e descobrirá seus sinais. Ele está aí, aguardando você. Bom encontro!

*O caminho para Deus é uma longa viagem interior.
Buscá-lo dentro do coração facilita o encontro.
Siga sua intuição. Vá em frente!*

6. No silêncio da contemplação

Vivia insatisfeito, intranquilo e queixoso da vida. Nada o contentava, nem mesmo o sucesso financeiro. Faltava-lhe algo importante: *a capacidade de ser feliz*. Seu coração não sabia mais em que viagens, prazeres ou aventuras buscá-la. Esgotara-se a criatividade que o dinheiro fácil lhe proporcionava. Assim era Lauro,[1] um amigo de longos e bons tempos.

Havia meses Lauro convivia com uma estranha interrogação. "Estranha" porque não fazia parte dos questionamentos que normalmente lhe eram peculiares. Pouco ou quase nada se ocupava com questões espirituais. Deus não passava de uma vaga ideia ou figura arcaica aprendida de seus pais e das aulas de catequese que pouco o entusiasmavam.

Ultimamente, no entanto, um sentido mais profundo para a vida deixava-o inquieto, tirando-lhe

---

[1] Os nomes são meramente ilustrativos. Os fatos são reais.

até mesmo o sono. "Algo estranho", dizia-me ele. "Nunca vivi momentos assim, de busca de um significado para a vida."

Financeiramente nada lhe faltava. Tinha uma esposa dedicada – que ele amava e o fazia sentir-se correspondido – e filhos saudáveis e maravilhosos, que lhe proporcionavam parte das alegrias que experimentava. Faltava-lhe, porém, *algo mais profundo*, mais consistente, mais "coração".

Deus estava rodeando seus passos... *Pensamentos* nunca antes alimentados, *sentimentos* nunca vivenciados, *emoções* jamais imaginadas ocorriam-lhe frequentemente. Bastava ficar só, em contato consigo ou com a natureza, e eis que se flagrava em questionamentos a respeito da existência de Deus, do fim desta vida, do "depois" tão temido quanto inevitável. Aliás, esse "depois", como ele dizia, inquietava-o além do normal. "Vida" depois da vida, céu, inferno, eternidade... tudo lhe era pouco habitual e jamais "perdera tempo" com elucubrações teológicas e espirituais. Agora, porém, até à igreja, vez por outra, ia com sua família. A esposa era muito religiosa e procurava transmitir sua fé aos filhos. Como pai, ele era ausente e descomprometido quanto à religião que seus filhos quisessem ou não assumir. Agora, porém... Nem ele entendia o que se passava. Descrevia esse fato sempre da mesma forma exatamente por não ter palavras mais precisas para o que sentia: "Algo estranho, muito estranho".

Gostava do jeito como um padre jovem – entusiasmado e comunicativo – transmitia ao povo sua convicção religiosa, sua fé resoluta em Cristo. Era Domingo de Ramos e a Semana Santa iniciava suas emocionantes celebrações da morte e ressurreição de Jesus.

Quinta-feira Santa à noite haveria um encontro espiritual diferente – explicava o padre. Uma noite de oração e contemplação, *com longos intervalos de silêncio* entremeados com cânticos e orações. "Para que o coração de cada participante tivesse seu próprio espaço para falar com Deus, escutá-lo e vigiar com Jesus, antes de sua morte", comentava o jovem padre.

Lauro sentiu-se "estranhamente" atraído para participar dessa vigília. Nem sabia como contá-lo à sua esposa, mas acabou falando. Incentivado carinhosamente por ela, às dez da noite dirigiu-se à capelinha do Santíssimo. Um pequeno grupo de fiéis revezava-se a noite toda em oração, em cânticos e adoração silenciosa.

Lauro escutava-os emocionado, ficando depois em profundo silêncio. Sem saber ao certo o que era, fazia uma experiência totalmente nova de contemplação. Olhava para o Cristo e o Cristo olhava para ele... O tempo tornou-se quase imperceptível. Era madrugada e Lauro, prostrado em oração, vivia uma inédita descoberta de fé. Furtiva e silenciosamente as lágrimas deslizavam em seu rosto. Seu coração acelerava o ritmo e a emoção tomava conta de todo o seu corpo.

– Algo estranho, muito estranho – tentava me explicar, sem consegui-lo. – Foi um grande encontro com Deus. Senti sua presença. Escutei sua voz. Jamais poderei esquecer essa noite. Minha vida mudou, meus valores se transformaram. Deus começou a fazer parte do meu dia a dia, de minha família, dos meus negócios, de todas as escolhas que eu privilegiava.

Lauro descobriu "o endereço de Deus" numa noite de oração.

– Hoje eu sei que foi ele quem me atraiu. Ele me seduziu com seu amor e eu acabei seduzido – ele dizia-me alegremente.

"Algo estranho, muito estranho", acontecera. Só o coração é capaz de entendê-lo. Sim, só o coração...

7. A Bíblia Sagrada revela sua face

Ao longo de milhares de anos, pessoas de todas as idades e crenças encontraram-se com Deus através da leitura e da meditação da Palavra Divina revelada nas Escrituras. É um jeito simples e fácil, criado por Deus, para comunicar-se com seus filhos. Uma forma de preservar os ensinamentos divinos, fáceis de perder ao longo dos séculos, caso fossem confiados apenas à tradição oral.

O cuidado de Deus por seus filhos – habitantes do planeta Terra – demonstra vivamente seu grande amor pela felicidade de cada ser humano que aqui peregrina. Estamos, na terra, como estrangeiros, em solo que não nos pertence. Rumamos para a Terra Prometida, de volta à Casa do Pai. E para não nos desviarmos do rumo certo, ele nos aponta os caminhos a seguir, lembrando-nos constantemente de seu "endereço" e de onde mora a felicidade que tão insistentemente procuramos.

Os profetas – quer do Antigo, quer do Novo Testamento – eram os portadores oficiais da Palavra de Deus. Através de exortações e metáforas, acessíveis ao povo, traduziam a vontade divina para cada época da história humana.

Até que *os tempos se completaram* e Deus enviou seu próprio Filho, na pessoa de *Jesus de Nazaré*, Palavra viva que revelaria aos homens a verdadeira face do Pai (cf. Lc 4,14-22).

E Deus começou a ter "um novo endereço".

No *amor* e na *misericórdia* encontraríamos suas pegadas.

– Seria o *pastor* que, incansavelmente, procura a ovelha perdida (cf. Lc 15,1-32).

– O *Pai* do filho pródigo que aguarda, com festa, seu retorno.

– O Deus que salva, perdoa e liberta seu povo.

Os Evangelhos retratam com muita clareza esta nova face de Deus. Oferecem-nos seu amor, redimem-nos de nossos pecados. Jesus – o Cristo – está aí, nas palavras redentoras do Novo Testamento aguardando que você o procure. É simples descobrir seu "endereço". Está ao alcance de suas mãos.

Sua fé conduzirá seus passos. Aventure-se!

Joana "aventurou-se". Diariamente percorria os caminhos de Deus pela leitura bíblica persistentemente meditada em seu coração.

Houve tempos de "deserto", tempos que o povo hebreu vivenciou durante anos, antes de entrar na Terra Prometida. O "deserto" da aridez espiritual, das dúvidas e dos conflitos interiores que tentavam fazer Joana desistir, voltando aos velhos hábitos que um mundo consumista abundantemente lhe oferecia.

Joana era uma alma inquieta, buscadora de Deus, como você e eu. Sujeita aos altos e baixos da vida diária – família, trabalho, preocupações, salário apertado –, jamais desistia de seus sonhos. Um deles era essencialmente especial: *a busca da felicidade através da fé.*

A cada dia, mais e mais Deus se fazia presente em sua vida. Seu coração ansiava por ele e Joana se transfigurava ao meditar as palavras de Jesus. A Bíblia – preferencialmente o Novo Testamento – era seu alimento espiritual. Um *coração de samaritana* pulsava em seu peito. Comovia-se com o diálogo entre Jesus e aquela mulher da Samaria, como se hoje ele fosse dirigido diretamente a ela:

"Todo aquele que beber desta água, tornará a ter sede, mas o que beber da água que eu lhe der, jamais terá sede" (Jo 4,13).

E a sede de Deus que Joana sentia era grande! Imensa como seu coração de mulher amorosa, devotada à família, aos compromissos profissionais, e de um modo muito particular à busca incansável de Deus.

Certo dia, Joana, durante um atendimento terapêutico que eu lhe prestava, extravasou seu coração inquieto, relatando-me sua maravilhosa experiência de Deus através das Escrituras.

Emocionava-se ao relatar-me suas vivências, feliz em poder compartilhar suas descobertas sem medo de não ser compreendida.

Experiência única, pessoal, que apenas Joana conhecia em profundidade, agora, pela primeira vez, dividida com alguém. Comoveu-me também *a alegria, a fé, o ardor* com que ela falava.

Era, na verdade, seu coração transbordando.

A mesma felicidade que a samaritana sentira ao descobrir o Cristo, Joana sentia. Bebia da "água da vida", aquela que sacia toda e qualquer sede. Estava radiante! Enfim, para sua imensa felicidade, descobrira "o endereço de Deus". Era tudo que procurava...

8. A natureza nos fala dele

Alegre e entusiasta, Francisco vivia "de bem com a vida", como ele mesmo costumava dizer. E dizia-o abertamente, "sem medo de ser feliz", sem esconder de ninguém seu otimismo perante a vida.

– Resolve-se tudo mais facilmente com um estado de espírito positivo. A vida fica iluminada e encontra-se Deus em toda parte – esta era sua crença. Este era seu jeito de viver.

Francisco era um homem simples, sem muitos bens materiais.

– O suficiente para ser feliz – confessava-me ele. E, feliz, todos viam que ele era.

Conheciam-no assim, com a alegria estampada no olhar.

– E o *segredo de tanta felicidade* no coração de um homem humilde, de onde viria?

– E a *disposição permanente* de ver o mundo com olhos de fé, de onde viria?

– E o *sorriso bonito*, enfeitando seu rosto, de onde viria?

– A *prontidão em ajudar* a quem dele precisasse, de onde viria?

– E o amor: *aquele amor desinteressado, incondicional*, que não espera recompensa, de onde viria?...

Sempre que possível, procurava falar com Francisco.

Muito mais que falar, *escutar*. Beber de sua sabedoria, pura e intacta, como água límpida de fonte. E ele me encantava com suas palavras de fé, carregadas de Deus.

As perguntas que eu me fazia a seu respeito, uma a uma, sem saber, ele as respondia com suas atitudes, nascidas da alegria de viver em contato com Deus através da natureza.

Era um *céu estrelado* a falar da imensidão do universo, da grandeza e da sabedoria de um admirável Criador. Extasiava-se, maravilhado, a querer contar as estrelas, como em tempo de criança. E sorria perplexo, em silenciosa adoração ao Deus que arquitetara tamanha beleza. Ao mesmo tempo, sentia em seu coração, pulsando, as próprias pulsações do Criador.

E as *flores*: que dizer do multicolorido que as enfeitava? Era o sorriso de Deus em sua beleza nativa. Em cada pétala de rosa, Deus lhe falava. Em cada fantástica orquídea, Deus se revelava em sua admirável inspiração. Em cada matiz de cravina, Deus se escondia.

O *canto dos pássaros* era o canto de Deus a alegrá-lo. O beija-flor, em busca do néctar, era ele, Francisco, sugando o néctar da felicidade ao contemplar as plumagens coloridas que os beija-flores ostentavam. E como entender a extraordinária velocidade com que suas asas se moviam para sustentá-los no ar?

– É coisa de Deus – dizia Francisco, e sorria, maravilhado. Um êxtase contemplativo. Um momento de fé.

– Tudo me fala de Deus – confidenciava-me Francisco.

O murmúrio das águas do riacho, o silêncio da mata, o voejar das borboletas: em tudo descobria a presença do Senhor. Este era seu segredo: *ver o que apenas os olhos do coração veem, sentir o que apenas a fé nos faz sentir.*

– É fácil – afirmava-me Francisco. – É fácil descobrir "o endereço de Deus". Ele está aí: basta abrir os olhos. Só não vê quem não quer...

Procurei minha alma, mas não a pude ver.
Procurei meu Deus, mas ele se esquivou de mim.
Procurei meu irmão… e encontrei os três.
(autor desconhecido)

9. No serviço ao próximo

O *amor* é a fórmula mais segura e o caminho mais curto para chegar até Deus. Lembra-nos sempre de novo o apóstolo São João: "Só quem ama conhece a Deus" (1Jo 4,7). Não precisamos ser uma Irmã Dulce ou Madre Teresa de Calcutá para fazermos a experiência do amor como estratégia e suporte da fé.

Marialva (seu nome lembrava Maria, traduzia pureza) era a encarnação do amor em sua dedicação aos doentes. Não era apenas enfermeira, "era uma santa vestida de enfermeira", diziam os doentes daquele hospital.

– Sabe o que é receber um gesto de amor, quando se está frágil, doente e solitário?

– Sabe o que é receber um sorriso, quando a vontade é deixar a tristeza tomar conta?

– Sabe o que é ser tratado com toda paciência, quando não se é mais capaz de mover nem braços nem pernas?

– Sabe o que é recuperar a esperança de viver ao superar um câncer, de caminhar de novo só porque a incrível dedicação de uma enfermeira – cheia de Deus – nos dá novamente forças para acreditar em nossa recuperação?

Tudo isso eu tive o privilégio de presenciar, de acompanhar de perto. Vi um moço praticamente paraplégico, após três anos de internação aos cuidados de Marialva, andar de novo. Contra todos os prognósticos médicos, levantou-se um dia de seu leito hospitalar e caminhou. Caminhou para a vida, para a liberdade. "Milagre", dizia o povo. "Inexplicável", diziam os médicos.

Marialva e eu – éramos bons amigos – sabíamos que *a fé, sustentada pelo amor, é capaz de operar milagres*. Era apenas "mais um" dos milhares que os olhos dos incrédulos não veem...

Se uma santa existisse naquele hospital, esta era Marialva. Cada doente aproximava-a um pouco mais de Deus.

– Não são eles, os doentes, os beneficiados – dizia-me ela. – A grande beneficiada sou eu.

Em cada rosto sofrido, o rosto de Jesus. Em cada lágrima de dor, as lágrimas do Mestre ao prantear seu amigo Lázaro. Em cada mãe desolada pela doença do filho, a dor de Maria ao ver seu Filho maltratado, carregando a pesada cruz. Em cada morte inevitável, a aflição de quem estava ao pé da cruz sofrendo com os momentos finais do Salvador.

Em Marialva, todas as situações e dores se uniam. Ela era o pai, a mãe, o irmão, o amigo, o namorado, o parente... ela era cada um: sofria e amava em sua carne as dores de todos.

– *Descubro Deus em cada doente.* É ele que está aí: vejo-o, sinto-o e presto-lhe meu serviço. Apenas procuro amar. Não sei fazer outra coisa...

Que extraordinária e singela revelação de Marialva! Abria seu coração, confiante na compreensão que eu teria de sua fé. Sem sabê-lo, *mais um* ela estava beneficiando: *também eu*, através dela, me aproximava de Deus.

O amor ao próximo santificava-a todos os dias.

"O endereço de Deus" estava ali, no hospital em que trabalhava. E ela o sabia. Descobrira, havia tempo, "onde mora Deus". Sorria, mesmo em meio aos momentos mais difíceis de seus pacientes. Também eles aprendiam a sorrir de novo, porque Deus estava ali, ao lado deles na pessoa de Marialva. Recuperavam-se então mais rápido, bem mais rápido...

10. Seus anjos me salvaram

Vivia apressado, em "alta velocidade" na vida.

Seu carro esportivo que o dissesse... Seu normal era acima de 120 km por hora. Sabia da proibição, da fiscalização, dos possíveis perigos... tudo isso, porém, pouco lhe importava. Chegar o mais rápido ao destino era o que realmente interessava. Até que um dia sua vida deu um giro de 360 graus e tudo mudou. Radicalmente!

Estou falando de Oscar, empresário bem-sucedido, mas "um caco emocional", como ele mesmo se definia.

Tinha tudo e não tinha nada. "Tempo" é o que menos tinha, como costumava dizer. Nem para si, nem para a família, nem, muito menos, para Deus. Obcecado pelo sucesso, todo seu tempo era dedicado ao trabalho. Até que um dia...

Viajava ele, em dia de chuva, de Soledade a Porto Alegre (RS), tendo que passar pela cerração fechada que as curvas da serra lhe reservavam. E como andar devagar, se alguém é movido pela ansiedade e pela pressa?

Estranhamente, naquele dia, sentia certo medo. Invocara a proteção dos anjos para acompanhá-lo em meio ao nevoeiro, um fato pouco normal para ele. Sua vida estava prestes a mudar. Sua intuição prenunciava perigos. Sua pressa os desrespeitava. Quanto mais chovia, mais a cerração fechava. Faróis acesos, pisca-alerta ligado... e o descuido fatal que o tombaria precipício abaixo aconteceu.

A mais de cinquenta metros do asfalto, jogado entre árvores quebradas e pedaços da lataria do carro, Oscar acordou, ainda preso ao cinto de segurança. Doía-lhe o corpo todo, sangrava-lhe a cabeça, mas estava vivo. Lúcido, conseguiu raciocinar, confusa e lentamente: "Deus meu, o que foi que aconteceu comigo?". Oscar percebeu, então, que o primeiro nome a invocar fora o nome de Deus. Por que isso, se antes não era ligado ao mundo espiritual? Sua inata religiosidade acordara no momento crucial do acidente?

Demorou, e muito, para desvencilhar-se dos destroços que o prendiam. Era tarde e teria que, urgentemente, pedir socorro. Seu celular sumira. Suas forças eram poucas. E uma íngreme escalada o aguardava.

48

Subia três passos e dois outros resvalava. Agarrava-se a pequenos arbustos, gritando desesperadamente por socorro. E subia e resvalava, resvalava e subia. De repente, tudo escureceu e Oscar desmaiou.

Minutos depois, acordando, pôs-se a rezar como nunca até então o fizera. Inexplicavelmente, uma força misteriosa – como se fosse a energia de mãos de anjos – tomou conta de todo o seu corpo. Ergueu-se, trêmulo, entre dores, e começou a subir. Subia e gritava, até que, após horas de intenso sofrimento, cambaleando e sangrando, conseguiu chegar ao asfalto onde foi socorrido.

– Os anjos de Deus me salvaram. Tenho absoluta certeza disso. Sinto-o em meu coração, assim como agora sinto Deus em minha vida. No fundo daquele precipício, entre escombros, sangrando e gemendo de dor, senti uma profunda paz tomar conta de mim. *Deus estava ali*. Encontrei-o onde jamais pensaria encontrá-lo, de um jeito como jamais imaginara. Não sei como me desprendi do cinto de segurança, nem sei como saí dos destroços do carro. E o mais intrigante de tudo: não sei, de forma alguma, como sobrevivi. De "inteiro" só ficara eu. O carro virara um amontoado de ferros. Magnífica assistência dos anjos! Extraordinária proteção! Um verdadeiro milagre!

E o mais curioso foi que Oscar encontrou "o endereço de Deus" no fundo de um precipício.

Um trágico acidente transformara definitivamente sua vida.

– Estou e estarei sempre com ele, graças ao seu amor e à proteção dos anjos que me salvaram – dizia-me Oscar, agradecido e emocionado ao recordar-se de tudo.

Era essa a confissão de Oscar. Fazia questão de que todos soubessem. O "Oscar apressado, ansioso e obcecado pelo trabalho", morrera. Um homem novo renascera daquele acidente.

– Desígnios de Deus... – dizia-me ele. – Desígnios de Deus...

*É verdadeira a máxima que afirma:
podemos viver sem pai e sem mãe,
mas não podemos viver sem Deus.
(Leon Tolstoi)*

11. Na dor de uma despedida

– Jamais imaginei que encontrasse Deus na hora em que a maior das dores humanas bateu à minha porta. A dor de ver minha filha partir, com seis anos de idade, foi a experiência mais dramática que meu coração de mãe já havia vivido. Inimaginável a angústia e o desespero que se apoderaram de mim quando vi minha filha, esmagada por um carro, sendo retirada pelos bombeiros, já sem vida. Cena triste e lamentável que meus olhos apavorados gravaram! Como se, nesse instante, meu coração se partisse e uma parte dele fosse levada no carro dos bombeiros. Minha filha partira, e para sempre!... Em meio à dor que insistia em atormentar-me, em meio à saudade que aumentava dia a dia, em meio a tantas perguntas sem resposta, *uma luz começou a brilhar*. Na brevidade da vida de minha filha que partira, *meu coração de mãe reencontrou Deus.* Minha fé, adormecida, acordou.

Era este o triste relato e o choroso desabafo que Ester fazia, ao procurar comigo respostas para seu coração enlutado.

– É como se a pequena Luiza tivesse vindo para tirar-me do marasmo espiritual em que eu vegetava. Ela foi um anjo que tocou meu coração – dizia-me Ester, entre lágrimas. – É indescritível o que se passou em meu íntimo. *Senti a mão de Deus tocar-me* e, em meio a tanto sofrimento, uma profunda paz de espírito apoderou-se de mim. E o incrível aconteceu! *Descobri "o endereço de Deus" na morte de minha filha.* Como se o anjo em que ela se transformou me envolvesse em seu amor e Deus olhasse para mim através de seus olhos azuis. Na dor da despedida, um encontro surpreendente: *Deus viera me visitar.*

Comovido e calado, escutava atentamente o desabafo daquela mãe. Nada havia a acrescentar, a não ser minha comunhão fraterna e consternada diante da imensa dor daquele coração de mãe e da alegria de sua extraordinária descoberta. *Deus viera visitá-la*, enxugando suas lágrimas e amenizando a dor da despedida. Ester sabia, com absoluta certeza, que o espírito da pequena Luiza voltara para o mundo celestial e que ela não morrera para sempre. Sentia sua presença em forma de energia angelical, presença amiga a transmitir-lhe paz. O poder da fé confortava sua alma e seu amor de mãe superava toda e qualquer tristeza. Ester tinha outros filhos para cuidar, marido a consolar, casa para zelar...

"A força do herói" renascia diariamente nela, tornando suas mãos milagrosas, seus braços poderosos, suas pernas incansáveis.

A dor de uma partida, o encontro com Deus, a fé renascendo: eis a metamorfose de Ester. As surpresas do universo não param de acontecer. Multiplicam-se ao longo das semanas, germinam, crescem e enchem os celeiros de colheitas fartas. Hoje é Ester quem fortalece outras mães, quem enxuga suas lágrimas, erguendo-as de suas prostrações.

Onde menos se espera, descobre-se "o endereço de Deus".

É assim, amigo: em toda parte ele está. Olhos abertos, coração receptivo... e o encontro acontece. Também para você.

12. Na alegria
de um reencontro

– Você sabe o que é ter um filho de quinze anos sequestrado? Sabe da aflição, da angústia, do desespero que o coração dos pais experimenta ao longo de um mês que mais parece um ano? Sabe o que é passar uma semana inteira sem notícia alguma, tendo apenas a certeza de que seu filho está nas mãos de sequestradores, sem ter informação se está morto ou vivo? Sabe o que é "trauma de telefone", sobressalto a cada chamada, mesmo sem ter relação alguma com o sequestro do seu filho? Caso você também tenha tido um filho sequestrado, pode compreender o sofrimento que isso representa. Do contrário, pode imaginá-lo. Apenas "imaginá-lo"...

Era essa a introdução de uma longa conversa que um jovem casal realizava comigo em meu consultório. Empresários, financeiramente bem-sucedidos, um casal de filhos, tendo o mais velho sido sequestrado ao voltar do colégio. Um mês de ausência! Semanas de negociações com os sequestradores!

A cada dia, novas exigências! Resgate descabido, fora de todas as condições financeiras da família! A polícia especializada a orientá-los, ajudando a negociar. O silêncio – o terrível silêncio dos sequestradores – maltratando ainda mais o coração desalentado dos familiares envolvidos!

– Por incrível que pareça – dizia-me aquele casal –, nunca perdemos a esperança de reencontrar nosso filho com vida. *A fé renasceu em nós.* Ela estava encoberta pelas excessivas preocupações materiais que nos impediam de rezar, de voltar-nos para Deus, participando de nossa comunidade religiosa, enfim, de *dispormos de um tempo para acalentar nossa fé.* Hoje, no entanto, *tudo mudou.*

Paulo e Noeli haviam rezado como jamais teriam sido capazes, não fosse o sequestro de seu filho Henrique. Na escuridão da alma, uma nova luz brilhou. Na incerteza dos longos dias e das intermináveis noites, a prece, em altas vozes, ou no silêncio de um coração de pai, de uma alma de mãe, incapazes de dormir... *a prece alimentava suas vidas*. Aprenderam a falar com Deus, a escutá-lo reverentemente. Num momento de extrema dor, descobriram "o endereço de Deus". O melhor, no entanto, estava-lhes reservado: saberiam *quem é Deus* na alegria, no júbilo, nas lágrimas de euforia ao ter seu filho de volta, vivo e feliz. Foi a mão de Deus! Foi a perícia e a coragem de policiais antissequestro, agindo de forma extraordinária! Foi a fé de milhares de pessoas orando, numa grande corrente de solidariedade! E após um mês – o mais longo e sofrido de todos os meses! –, Henrique foi libertado.

Só conhece tamanha alegria, quem vivenciou uma dor proporcional.

Pela escuridão chegaram à luz. Pela tristeza, à alegria. Pela incerteza, à fé de um Deus que os confortara, guiando-os em meio a todas as decisões a serem tomadas para libertar seu filho.

– Na alegria do reencontro com nosso filho – diziam-me Paulo e Noeli –, descobrimos a mão de Deus sobre nós. Insistentemente procuramos hoje sua face. Sabemos que ele é *vida* – vida de nosso filho – e nele também nós, junto com nossa filha Isabela, vivemos.

Na alegria de um reencontro, "o endereço de Deus"...

13. Uma tragédia anunciada

Até o momento desta elaboração, 242 jovens já haviam morrido na tragédia da boate Kiss, ocorrida em 27 de janeiro de 2013, em Santa Maria – RS.

Não quero entrar no mérito da questão, quem são ou não os culpados dessa trágica noite. Sinto-me impelido a refletir sobre alguns fatos que parecem à primeira vista um tanto misteriosos.

Pessoas com ingresso comprado e que não foram à balada.

Pessoas que foram até à boate e voltaram para casa.

Pessoas que, na última hora, conseguiram ingressos de outras que desistiram de ir, e morreram em meio aos gases tóxicos.

Namorados que deixaram de ir – pela ausência de um deles – e alguns dias depois morreram juntos em acidente automobilístico.

Um jovem, morrendo, com mais um ingresso no bolso da camisa, tinha esperado sua irmã que na última hora não quisera participar. "Estou sem vontade de ir", dizia-lhe ao celular, pedindo desculpas.

E as mães e os pais aflitos e desesperados querendo saber notícias de seus filhos! A angústia de uns e alívio de outros! Trágico paradoxo!

Uma cidade em pranto, um estado de luto, um Brasil abalado! Jornais do mundo inteiro estampando em suas páginas a dor de uma tragédia anunciada.

Em meio a tantas lágrimas, revoltas e decepções, eis que surge a fé como baluarte a sustentar os corações prostrados pela dor.

— E Deus, onde está ele, em meio a tantas mortes e escombros?

— Por que — perguntavam alguns — permitiu que tantos jovens morressem, se poderia tê-lo evitado?

— Por que desse jeito? — questionavam-se outros, em meio à perplexidade geral.

Milhares de perguntas ficarão sem resposta. As autoridades responsáveis pelo inquérito tentarão responder, salvaguardadas as limitações que suas respostas implicam. Nada disso, no entanto, devolverá a vida de tantos jovens que partiram.

A dor e a saudade irão perdurar, até que assimilem as lições do universo e harmonizem, de novo, seus corações atribulados.

Guardo comigo a confidência terapêutica de uma jovem que me procurou para atendimento, após o ocorrido.

– Eu iria participar do evento. A maioria de meus colegas foi, e morreu. Uma estranha força me impedia de entrar. Por duas vezes estive em frente à boate, com meu ingresso na mão. Por duas vezes fui "impedida". A vontade de "não entrar" tornou-se mais forte que o convite dos amigos. Voltei, então, para meu apartamento e fui dormir. De madrugada, chamadas incessantes em meu celular me acordaram e tudo já tinha acontecido. Agora, alguns dias depois, sinto que uma força divina me impedira de entrar, salvando assim minha vida. Meus amigos "de balada" morreram. E eu?... Teria eu algum mérito em estar viva? Ou uma missão junto aos familiares de quem partiu? Por que eles e não eu? Nunca senti Deus tão perto de mim. Desisto de fazer outras perguntas. São todas superficiais e infrutíferas. Quero apenas rezar e agradecer. Rezar pela paz dos que partiram. Rezar, pedindo forças para os que ficaram. Não sou mais a mesma. A vida, para mim, adquiriu um novo sentido. *Deus... sinto-o comigo, caminhando ao meu lado.* Jamais, no entanto, imaginara descobrir "o endereço de Deus" em frente a uma boate. Lá, ele me esperou, tomou-me pela mão e me levou para casa. Por que eu? E os outros? Ah! *Os outros, estes Deus levou consigo* e hospedou-os em sua casa, onde "há muitas moradas", aguardando por eles. Que sejam felizes!

14. Apenas um copo d'água

Difícil acreditar que "o endereço de Deus" possa encontrar-se num copo d'água. Mas...

— Foi exatamente isso que aconteceu certo dia comigo — dizia-me Lucas, nome de evangelista que em nada combinava com a figura de morador de rua que o confidente encarnara.

Lucas abandonara seus familiares, destruído por uma incrível decepção amorosa, prostrado por uma obstinada mágoa que o rebentara por dentro.

Aos poucos, a decepção foi aumentando para transformar-se em tristeza, em revolta, em depressão profunda. A mágoa fez dele um homem angustiado, frio e inconformado com tudo e com todos. Seu destino tornou-se a rua, o roubo e a mendicância. As lajes frias e duras de um viaduto acolhiam-no à noite, em meio à sujeira e fedentina.

Vida sofrida, maltrapilha e triste. Noites de insônia, ora pelo frio congelante, ora pela fome que o torturava. Dias de desânimo e cansaço, sem forças para recolher as caixas de papelão que lhe garantiriam a comida necessária. Lucas... quem diria! Sua vida regrada acabando num descalabro desses! Miséria das misérias, escória da sociedade, alimentando-se com a imundície das sobras do lixo! Pobre criatura arrastando-se na lama sórdida de uma vida torpe! Sem higiene, sem um mínimo de conforto, sem cuidados com a saúde... vegetava, apenas vegetava.

Passaram-se anos, longos e duros anos. Um dia, no entanto, também "o filho pródigo" voltou. Lucas voltaria?... Para onde iria, se nenhum relacionamento mantinha com seus familiares?

Antes, uma profunda conversão interior teria que acontecer. O olhar de Deus estava observando sua vida, acompanhando atentamente seus passos.

– Um dia – era ele agora relatando sua história –, um sol escaldante e uma sede inclemente rachavam-me os lábios. Perambulava em meio a uma favela, rodeado de gente pobre e sofrida como eu. Foi lá que uma "coisa" muito estranha aconteceu comigo. Misteriosa, inexplicável, divina. Pedira *por amor de Deus* um copo d'água para uma senhora idosa. "Se é 'por amor de Deus', seu moço, arrumo-lhe um copo, sim. Não temos água encanada

aqui. Tenho ainda um pouco. Vai dar para sua sede."
E a velha senhora, de mãos trêmulas, trouxe-me um refrescante copo d'água. Gole a gole, bebi sua solidariedade, e muito mais teria bebido se mais água houvesse. Bebi sua generosidade e sua compreensão em não julgar meus trajes esfarrapados. Bebi muito mais: *bebi o amor de Deus naquele copo d'água.* Donde viriam tão inusitados pensamentos? Eu, Lucas, lembrando-me de Deus? A bondade desse copo d'água fora tanta que abalara a estrutura de pedra de meu coração endurecido pelo sofrimento. Dia após dia minha vida começou a mudar. *Aquele copo d'água*, aos poucos, foi diluindo minhas mágoas, lavando minha alma empedernida, cheia de ódio e revoltas. Há muitos anos não sentia tão gostosa paz, tamanha leveza interior tomando conta de mim. *E se Deus estivesse falando comigo, que certeza teria eu de compreendê-lo?* Ele veio de mansinho, despertando a esperança adormecida, fazendo ressurgir minha fé moribunda. Aconteceu comigo o que jamais poderia imaginar: descobri, num copo d'água, "o endereço de Deus". Sim, num copo d'água...

15. Um oásis no deserto

Encontrar-se com Deus, quando menos se espera, é como encontrar um oásis em pleno deserto. A vida era árida. Os dias insuportáveis. O desânimo e o cansaço tomando conta da mente e do corpo. Tudo solidão, tristeza e desalento. Caminha-se porque é preciso caminhar, não por ser prazeroso. Não há sentido algum nos passos dados, nem certeza na direção a seguir. É como num deserto: sol escaldante, vento impiedoso, areia nos olhos, suor e sede. E, de repente, avista-se um oásis! Árvores, sombra, água fresca... tudo que um viandante exausto pode desejar.

— Assim vivia eu — dizia-me Joaquim, mal contendo a emoção. — Anos de depressão fizeram de mim um morto-vivo, um homem infeliz e árido como terra ressequida. Apenas vegetava, sem mesmo saber como ainda estava vivo. O instinto de sobrevivência era mais forte e conseguiu manter-me em pé. Não tinha esperança que a vida melhorasse. Tudo era enfadonho e sem atrativos. Até que um dia... Bendito dia em que amigos meus (ainda os tinha, mesmo sem merecê-los!) me convenceram a participar de um encontro de casais. Soube depois tratar-se do ECC: Encontro de Casais com Cristo. A bem da verdade, amigo, preciso dizer-lhe que foi mérito de minha esposa sermos convidados para este encontro. Se fosse por mim... Eu era um "cristão de batismo", e não de frequência. Minha esposa Maria, sim. Participava de tudo mesmo sem minha presença. Certamente foi ela, deduzo eu, quem incentivou os dirigentes do ECC a procurar-nos. Bendito dia! Meu deserto também teria fim. Que seria desse jeito, jamais imaginara. Era mais em consideração a Maria que eu concordara em ir, do que levado por expectativas minhas. "Seria bom para mim", afirmavam-me os amigos. Por eles e pelo amor que nutria pela esposa, decidi participar. Desnecessário dizer a imensa alegria que, antecipadamente, minha esposa viveu pelo simples fato de eu concordar em participar. *Se a mão de Deus existe e pode tocar o coração de alguém, naquele dia ela me tocou.* A luz divina me invadiu tão profundamente que toda escuridão da vida, acumulada ao longo de tantos anos, dissipou-se como por encanto. A nítida sensação que eu tive, ao encerrar o encontro, em meio a cânticos, orações e lágrimas, foi de ter chegado a um oásis, em meio aos anos de deserto que havia vivido. Indescritível a alegria! Inexplicável a paz! A sensação de leveza era tanta que eu parecia flutuar. Era quase impossível acreditar que fosse assim! Mágica? Sim! *Mágica de Deus!*

E o relato de Joaquim prosseguia em meio a lágrimas de emoção e entusiasmo, como um "Lázaro" que tivesse ressurgido após quatro dias no sepulcro (cf. Jo 11,1-44).

– Renascido – dizia-me ele. – Transformado pelo poder de Deus – acrescentava eufórico. – Pode crer – insistia ele. – Como um oásis no deserto, assim foi Deus para mim naquele dia. E assim continua sendo: *um oásis.* É lá que eu descanso, refaço minhas forças, dessedento a minha alma. É lá que eu recarrego as energias, fragilizadas pelos longos anos de aridez espiritual. Descobri "o endereço de Deus" num *Encontro de Casais com Cristo* e tenho imensa vontade de partilhar com os outros minha descoberta. Motivado pela minha esposa, tornei-me um tanto "moderno": em meu Facebook divido com os outros minhas novas vivências em relação ao "endereço de Deus". Tenho certeza de que ele está bem perto de nós. É só viver antenado. As oportunidades que Deus nos oferece diariamente para descobrir seu "endereço" são muitas. Ele pode estar logo aí, na sua rua, ao seu lado... Fique atento!

O tempo disponível obrigou-me a encurtar a maravilhosa narrativa de Joaquim. Iria mais longe com certeza! Quem conheceu um oásis, quer partilhar sua sombra e suas águas com os outros. Há muito deserto por aí... Há muita gente cansada e com sede. Não é mesmo, Joaquim? Conte sua história de novo! Tem mais gente querendo ouvi-la...

16. Onde dois ou três se reunirem...

Encontrar algum objeto perdido; vasculhar algum armário em busca de uma roupa extraviada; retomar a trilha em meio à mata fechada; descobrir, numa competição em equipes, a mandala escondida: tudo é mais simples e rápido se o objetivo for perseguido por várias pessoas. São muitos olhares atentos que se juntam num só foco; são pares de mãos apressadas remexendo gavetas, afastando arbustos, escavando a areia até alcançar a meta proposta.

Um barco a remo será tanto mais veloz quanto mais sua equipe de remadores estiver sincronizada num só ritmo, numa só energia, motivados pelo alcance da vitória. Seis remadores, doze braços, forças múltiplas num só impulso. É a *união* gerando o desempenho máximo, muito além das possibilidades de um remador solitário, incapaz de gerar tamanha sinergia.

Um grupo de pessoas, unidas pela mesma fé; uma equipe de jovens buscando o mesmo ideal de vida; uma comunidade orante: encontrarão eles, com mais facilidade, "o endereço de Deus"? Foi isso que expressamente Jesus afirmou ao dizer: "Onde dois ou três estiverem reunidos em meu nome, eu estou ali, no meio deles" (Mt 18,20).

Eis, amigo, uma clara manifestação de Deus para auxiliar-nos na busca de seu "endereço". A dois, a três, em grupo, em comunidade, unidos pelo mesmo vínculo da fé, movidos pelo mesmo objetivo de encontrar o Senhor, a tarefa torna-se bem mais fácil. *Ele está ali, em meio ao grupo, marcando presença.* Visível somente aos olhos da fé, o coração dos fiéis, porém, *sente ali seu amor se expressando.* Os sinais de Deus, seu poder salvífico em ação, tudo está ali, em meio à comunidade reunida.

Foi essa a experiência que ouvi, relatada entusiasticamente por um grupo de jovens que havia participado de um Encontro de Emaús:

– Foi simplesmente maravilhoso! Senti a mão de Deus sobre mim e chorei de emoção. *Agora eu sei que ele existe.* Ele estava ali, comigo.

– Nos cânticos e orações eu falei com ele – dizia-me outro jovem, ainda tocado pela presença amorosa de Deus.

– Na *Eucaristia* me encontrei com ele. Minhas dúvidas se dissiparam em contato com ele, no momento da comunhão. Só eu sei o que senti! Uma paz e uma alegria jamais experimentadas!

"O endereço de Deus" está em todos os lugares onde há corações receptivos. Você pode, no entanto, passar inúmeras vezes em frente à porta onde ele mora e nada perceber. Absorvidos pelas coisas do mundo, seus olhos desatentos não veem o essencial. Seu coração, distraído demais, não entende os *sinais* que Deus lhe envia. Você ainda não percebeu que está buscando "fora" o Reino de Deus que existe "dentro": *em seu coração*, em seu íntimo, em sua prece silenciosa?

Em comunhão com os outros, partilhando e vivendo a mesma fé, despertamos para a Grande Descoberta. Era tão simples que não víamos o mais óbvio: *ele estava ali, conosco, ao nosso lado.* Era só abrir os olhos. Era só estender a mão para certificar-se: *ele estava ali, no meio de nós.*

Não esperes que Deus sobre ti desça e que diga: sou.
Não tem sentido algum o Deus que afirma a sua onipotência.
Sente-o tu no divino sopro eterno com que vieste ao mundo.
Quando, e não sabes por quê, te arde a alma é ele que em ti fala.

(Rainer Maria Rilke)

17. As epifanias de Deus

Em tudo que nos rodeia, Deus se manifesta. Sua mão é onipresente: basta abrirmos *os olhos do coração*. Os olhos da razão são míopes, pouco enxergam. Jamais conseguirão percebê-lo. Acolhe-se Deus pela fé. Sente-se Deus. Vive-se sua vida em nós.

Cada um de nós está num certo "estágio evolutivo" em sua busca de Deus. Nossa crença, ao longo dos anos, vai-se depurando. Inicialmente procuramos um Deus *protetor*, porque o medo nos torna frágeis e inseguros. Precisamos do socorro divino, de alguém poderoso que nos ampare em nossas necessidades. Só então podemos dar um passo a mais na escala de nossa ascensão.

Sentimos Deus em nosso íntimo e por isso vivenciamos a paz e a harmonia interior que nos deixam de bem conosco e com os outros.

Prosseguindo nessa busca, nossa alma *contempla* Deus, extasia-se com a perfeição do universo ou com a maravilha do cérebro humano. Uma noite estrelada é um momento de adoração. Nada se pede, nem socorro nem bênçãos.

Contempla-se Deus em cada sinal, em cada pequena ou grande epifania. É o mistério de Deus reverenciado, sem a exigência de explicações racionais. *Sabe-se* que ele existe. Ele está aí, e isso nos basta.

Samuel era um homem simples, perfeitamente enquadrado no perfil das bem-aventuranças evangélicas: "Felizes os puros no coração, porque verão a Deus" (Mt 5,8).

Sua idade cronológica passava dos setenta anos. Era jovem, no entanto, em sua idade mental. Dizia-se feliz, vivendo em meio à natureza onde Deus se revelava ao seu coração pacífico e venturoso, capaz de aceitar o inefável com total abertura de espírito.

– *Converso muito com Deus* – contou-me certo dia Samuel. – Em tudo que faço descubro sua mão. Nada cresce e nada morre sem que ele o saiba, sem que ele o permita. Minha fé é assim: simples como a flor do campo que não questiona seus poucos dias de vida. Ela apenas vive e embeleza o mundo. Para ela, isso é o suficiente. Para mim também.

Samuel era assim: um bem-aventurado. Acolhia tudo com fé, sem necessidade de explicações científicas.

Para ele, "o endereço de Deus" estava ali, diante de seus olhos maravilhados. Jamais duvidara disso. Era "simples no espírito", de uma profunda e convincente fé. Fazia parte dos buscadores anônimos do século XXI, sabedores de que Deus está com eles e que encontrá-lo é apenas uma questão de tempo. Seus *sinais* estão por toda parte. É só segui-los...

18. As flores nos falam do Criador

Jardineiro por lazer, Carlos aprendeu a arte de cultivar flores já em idade avançada. O mais curioso nessa história não era apenas sua alegria em ver os botões de rosas se abrindo; as gérberas e as cravinas multicoloridas enfeitando os olhos; as onze-horas, pontuais, aguardando um sol mais quente para ostentar sua beleza... o mais curioso foi a descoberta que Carlos realizou: *nas flores que cultivava, encontrou "o endereço de Deus".*

– Está sendo uma experiência maravilhosa – dizia-me certa vez Carlos. – Cada dia, através de minhas flores, descubro Deus um pouco mais e falo com ele. Sinto a presença do Criador em cada semente que germina, em cada pétala de flor que se abre. Contemplo sua mão criativa na imensa variedade de cores que enfeitam meu jardim. E fico extasiado, em silenciosa oração. Foi necessário que eu parasse. Minha vida tinha sido um corre-corre constante, um estresse diário tentando resolver questões relacionadas ao meu trabalho. Só agora entendo que era preciso parar. Parar para encontrar-me. Minhas mãos afofando a terra, firmando as mudas tenras, regando as plantinhas com água captada da chuva... uma prece jubilosa que apenas agora aprendera a fazer.

Assim era Carlos. E ele me fez pensar...

Pensar neste mundo de concreto armado em que nossas cidades se transformaram.

Pensar nos milhões que vivem enclausurados em minúsculos apartamentos, onde uma flor só entra se for de plástico ou, quando comprada pronta, sem a magia do cultivo próprio.

Pensar nas crianças que, desde cedo, perdem o contato saudável com a natureza, crescendo sem conhecer os mistérios de uma semente germinando, de um legume ou salada se desenvolvendo.

"Os endereços de Deus" estão espalhados por toda parte. Só os homens distraídos do século XXI não os percebem. Andam por demais atarefados, envoltos na urgência de suas necessidades materiais.

– E quando irão parar?

– Quando abrirão seus olhos?

– Quando seu coração poderá extasiar-se diante dos mistérios de uma flor?

– Quando, enfim, descobrirão a presença de Deus em cada detalhe multicolorido que a natureza lhes oferece?

Tudo nos fala de Deus. Somente a imensa bondade e sabedoria de um Criador, solícito e amoroso, pensando no bem-estar de seus filhos, poderiam engenhar tamanha beleza e perfeição num pequeno planeta como o nosso. De coração agradecido, felizes em receber tamanho amor, sorrimos para a vida.

Mais do que nunca, vale a pena viver!

19. No encanto de um pôr do sol

Ter o privilégio de estar, à tardinha, em frente a certas praias ou rios caudalosos e presenciar a maravilha de um pôr do sol é um presente da natureza para nossos olhos. É um verdadeiro encanto, um espetáculo multicor que arrebata e fascina.

Milhões de olhares, ao redor do mundo, voltam-se diariamente a contemplar os derradeiros raios de um sol que se despede. Há quem apenas olhe. Há quem reze e agradeça. Há quem se sinta tocado por Deus, em êxtase de contemplação.

Sílvia era assim: mística e sonhadora. Um par de olhos azuis a perscrutar o infinito. E como enxergavam longe! Muito além dos meros horizontes terrenos, muito além das luzes de um pôr do sol!

Ela ansiava pela oportunidade de um entardecer maravilhoso assim! *Era seu encontro com Deus.*

Sua alma voejava, leve e feliz, sentindo a presença do Senhor na fantástica beleza que embebia seus olhos.

– Descobri "o endereço de Deus" em cada pôr do sol que vivencio – confidenciava-me Sílvia. – Eu vivia em busca do seu "endereço", até que um dia, ao findar da tarde, meus olhos fixaram-se, atônitos, num magnífico crepúsculo avermelhado. Era simplesmente divino! E mais "divino" foi o que aconteceu comigo. Meus olhos lentamente se fecharam e eu estava chorando. Um choro manso, de emoção gostosa, de uma alegria até então desconhecida, de uma felicidade que só Deus poderia ofertar. Estava em transe, hipnotizada pela energia espiritual que me abraçava. Minha fé se irradiava em meu peito, pura e singela como a própria natureza. Nenhuma dúvida, nenhuma pergunta. *Eu sabia que ele estava ali*. Meu coração seria incapaz de me enganar. Era mais um "endereço de Deus": aquele que, em seu amor, ele revelara para mim através de um pôr do sol.

Fiquei meditando, longamente, nas palavras tão simples quanto sábias que o coração de Sílvia partilhara comigo. Há tantos "endereços de Deus" quantos buscadores existem. Cada alma tem reservado seu grande dia. "Procurai e encontrareis", ensinava Jesus (Mt 7,7b). Ele foi, no entanto, bem claro: "Procurai!".

– Ainda não descobriu seu "endereço"? – diga-me você.

– Não tem certeza se é aí que ele mora?

– Acha que já perdeu diversas oportunidades de encontrá-lo e não sabe se ele vai revelar-se de novo?

– Pensa que não merece esta graça, que é pecador demais para Deus se preocupar com você?

– Julga-se incrédulo, materialista e autossuficiente, e como tal esqueceu-se de procurar "o endereço de Deus" no seu dia a dia?

Junte-se, então, a outros buscadores, se esse for o seu caso. O grande momento está chegando. Deixe o coração aberto, receptivo aos sinais de Deus. Ele está prestes a revelar-se. Aguarde seu sinal...

Tudo anuncia a eterna existência de Deus;
não podemos compreendê-lo; não podemos ignorá-lo;
a ordem do universo prova o seu poder,
e a vida de nosso coração diz que o devemos adorar.

(Voltaire)

20. Na imensidão do universo

Contemplar as estrelas, em noite de luar, extasia o coração de qualquer buscador. Seus olhos penetram o infinito e seu coração viaja com eles. Como se quisessem desvendar mistérios. Como se quisessem encontrar o autor de tanta maravilha. Como se quisessem conhecer – "nem que fosse 1%", como dizia Einstein – pelo menos 1% do universo. Seria o suficiente. Os outros 99% apenas confirmariam o que o coração já havia descoberto: que é *fantástico* o Criador de tudo isso!

– Na imensidão do universo meu coração viaja – contava-me Roberto. – Montei um pequeno observatório astronômico para sentir-me um pouco mais perto das estrelas e dos planetas que consigo captar. É um êxtase para os olhos, uma revelação para o coração. Minha alma se expande e se aproxima de Deus. Encontro-o aí, na perfeição das galáxias, na infinidade de estrelas, astros e planetas, todos em perfeita harmonia, em total equilíbrio, viajando pelo espaço sideral. Só uma rara inteligência, uma mente espetacular, um conhecimento prático extraordinário para criar e conduzir tamanha engenharia! *Contemplo e rezo.* Sinto-me em meio às estrelas. Sinto-me próximo: sei que ali, também, é "o endereço de Deus" que eu procuro. E como se voltasse do infinito, de onde um dia eu vim, retorno como águia que vem buscar comida e água em terra firme. Aqui é meu chão. Meus pés são de barro, minha alma, porém, é espírito. Com ela, meu coração voa. Ao aterrissar, trago Deus comigo. Seu "endereço" agora é aqui, onde eu moro.

E você, "voa" também? O brilho das estrelas fascina seus olhos e embebe seu coração, ou você se esquece de olhar para o céu, lembrando que elas "ainda" existem, apesar das luzes da cidade? Faz bem à nossa mente erguer os olhos. É "de cima" que vem a energia positiva que nos renova a alma, quando a tristeza, o desânimo ou a depressão batem à nossa porta.

Você já viu um *otimista* andando de cabeça baixa?... Dificilmente o verá! Vá para um descampado, para uma praça em sua cidade. Vá em meio à lavoura, ao ar livre. *Erga seus olhos.* Contemple o esplendor da lua cheia. Voe ao embalo das estrelas. Também lá você pode encontrar "o endereço de Deus".

Lembre-se: *se você procurá-lo, ele se deixa encontrar.*

21. Na brevidade da vida

Seu pai, Vitor, era um homem brilhante. Empresário bem-sucedido, coração aberto aos graves problemas sociais de seu país, honesto e trabalhador como poucos que já conheci.

Estava no auge de sua carreira, de bem com a vida, com a esposa e o casal de filhos: "Meu tesouro preferencial", como costumava dizer.

Desdobrava-se em três, em quatro... e sempre havia tempo suficiente para Deus. Família, empresa, encargos sociais, lazer: em meio a tudo isso, *Deus estava presente*. Seu coração partilhava com ele seus projetos, seus empreendimentos, sua prosperidade sempre mais abençoada. Dizia-se um homem feliz, realizado, querido por Deus.

Conheci-o assim: "o Vitor de muitas vitórias", como os próprios amigos o batizaram. Fora bem escolhido seu nome: ele o encarnara em todos os seus caminhos.

Antes, porém, de completar cinquenta anos, seus sonhos foram abruptamente "suspensos". Sim, apenas suspensos...

Certa noite, voltando de uma reunião de cunho filantrópico, Vitor sofreu um grave acidente. Um motorista embriagado e irresponsável cruzou em alta velocidade seu caminho. Desrespeitando o sinal fechado, atingiu brutalmente o carro de Vitor. Apesar do cinto de segurança, apesar do *airbag*, Vitor não resistiu.

Sua partida inesperada e precoce abalou a cidade toda. Era amado não apenas pela esposa e pelos filhos: era amado e benquisto por todos.

— E os sonhos que vinha alimentando?

— E os projetos sociais em andamento?

— E os empreendimentos em execução?

— Teriam todos eles morrido?

Paulo, seu filho mais velho, concluíra havia pouco a faculdade de Administração de Empresas. Jamais sonhara em assumir o cargo do pai, muito menos agora. E o incompreensível acontecera: a morte súbita do pai colocava em seus ombros um enorme desafio.

"Bem que o pai merecia que um filho seu levasse adiante seus sonhos!", pensava Paulo, entre animado e descrente de sua capacidade administrativa.

– Foi tudo muito rápido – comentava certo dia Paulo comigo. – Imprevisto e rápido! Nada planejado. Nada amadurecido. De um dia para o outro, a cadeira da presidência vagou. E a empresa era familiar, se bem que relativamente grande.

E agora, Paulo?

E agora?...

– Levei tempo para acostumar-me à ideia e tomar pulso na administração de tantos negócios. Meu pai era um gênio, um mágico em conduzir tantas frentes de trabalho. Era "Vitor de vitória", ouvia seus amigos dizerem-me. Foi, então, que Deus entrou em minha vida. Como um sopro de alento renovador, minhas forças se refizeram. Estava lendo um livro sobre a brevidade da vida para amenizar o choque sofrido e entender, um pouco pelo menos, a morte repentina do pai. Para mim, totalmente "sem sentido". Vivia desnorteado, sem luz alguma, sem direção, sem finalidade. Perguntava-me, angustiado, a respeito do acidente. Seria meu pai apenas vítima, mais uma vítima da imprudência no trânsito? Partir tão cedo, por quê? Por curioso e estranho que pareça, foi meditando sobre a *brevidade da vida* que encontrei *um novo significado* para a vida do pai e para a minha também. Onde fica Deus nessa história toda? Somos peregrinos aqui, apenas de passagem? Nada aqui é definitivo, muito menos o sucesso? Na *brevidade da vida*, de nossa frágil e insegura estadia em nosso planeta, descobri "o endereço de Deus". Minha fé amadureceu. Evoluí espiritualmente. Sinto a presença de meu pai, vivendo agora no mundo celestial, a inspirar-me em minhas decisões. *Deus entrou definitivamente em minha vida*. E eu, na vida dele. Somos *um* tocando a empresa do Vitor para a frente. E com sucesso!

22. Assim na terra como no céu

Para o povo do Antigo Testamento, encontrar "o endereço de Deus" parecia mais difícil. Ele era um Deus distante, longínquo, separado dos homens. Era quase impossível aproximar-se dele. E quem o fizesse estaria sujeito a morrer (cf. Ex 3,5). Um Deus temível e todo-poderoso, manifestando-se em meio a fenômenos amedrontadores. Era essa a capacidade de percepção da humanidade. Assim adoravam a Javé, seu único e grandioso Deus. Sentiam-se *protegidos* por ele, seguros em seus frágeis caminhos terrenos.

"Ao se completarem os tempos" (Lc 4,14-30), Deus enviou seu Filho Jesus para guiar a humanidade por *novos caminhos de compreensão espiritual*. Caminhos esses reservados a cada um de nós em nossa busca interior de Deus.

O Novo Testamento nos revela um Deus que está *entre nós*, cujo Reino acontece *aqui e agora*, no coração do ser humano. Termina assim a separação entre os homens e Deus: "E a Palavra se fez carne e veio morar entre nós" (Jo 1,14).

Céu e terra, enfim, se encontram. O que "lá" acontece, responde "aqui". E vice-versa. Tudo está interligado. Tudo conectado, próximo, interdependente.

Hoje, em minha relação com Deus, ele me acolhe, é meu amigo e eu, amigo dele. Jesus o apresentou como pastor, capaz de deixar noventa e nove ovelhas e ir em minha busca, se eu fosse a centésima, a extraviada. É o pai misericordioso que perdoa o filho pródigo, abraça-o e faz festa em seu retorno. É o Mestre negado três vezes por Pedro – talvez hoje encarnado em nós –, que estende seu perdão ao discípulo arrependido chorando amargamente sua traição (cf. Lc 15,1-32; Mt 26,75b).

É o Filho de Deus, o Cristo, perdoando-nos na hora suprema de sua morte, pela incrível ignorância de o condenarmos: "Pai, perdoa-lhes! Eles não sabem o que fazem!" (Lc 23,34).

A experiência espiritual de Jonatan encaixa-se perfeitamente nos fatos relatados. Vez por outra se sentia uma *ovelha perdida*, longe do seu pastor.

Era o *filho pródigo* deixando a casa do pai, tentando ser feliz longe dele. Era *Pedro*, negando sua fé, com atitudes pouco ou nada aceitáveis. Era *um dos fariseus* condenando o Mestre, mesmo sabendo que ele era inocente.

– Para mim, até pouco tempo, Deus era uma "ideia distante", nada pessoal – começou a explicar-me Jonatan. – Deus era alguém "lá em cima", de olho em mim, pronto a flagrar-me em meus erros, julgar-me e condenar meus atos. Eu andava tão desligado dele que era melhor ignorá-lo. *Ele, no entanto, não me ignorou.* No leito de um hospital, certo dia, me encontrou. Minhas forças se esvaíam e a morte estava próxima. Foi, então, que uma estranha e misteriosa *luz interior* se acendeu. Comecei a ver-me por dentro. E não gostei nada do que vi! Como Pedro, chorei amargamente. Pela primeira vez, por estes motivos: *era Deus me visitando.* Senti-me em seus braços, como a ovelha resgatada. Senti seu perdão, no abraço ao filho pródigo. Ouvi sua voz, nas palavras do Cristo, ao perdoar a multidão que o insultava. Eu era um deles. Milagrosamente recuperei a saúde. A mão de Deus tocou-me a alma e o corpo. Sou hoje um homem novo: Deus está comigo. O céu tocou a terra. Tocou meu coração...

23. Vislumbres do seu "endereço"

Num desses "imperdoáveis" descuidos que a gente lamenta durante anos, um carro atropelou a cachorrinha de estimação de um jovem casal. Para eles, era a " filha" que ainda não tinham, com a qual, porém, diariamente sonhavam.

Lágrimas, choro, desespero de quem nunca vivera a experiência de uma perda, corrida para o veterinário, analgésicos, exames, cirurgias... gastos desproporcionais, estresse, preocupações, cuidados extremos... Nada, contudo, evitou o desfecho indesejado: sem chance alguma de recuperação, a morte acabou encerrando a tragédia.

Curiosamente, os duros momentos de dor serviram para trazer de volta o espírito de fé e de oração que os pais haviam transmitido ao casal, na infância e na adolescência de ambos.

Ao longo dos anos, saindo do ambiente familiar para dedicar-se aos estudos universitários, descuidaram-se um tanto de Deus e das práticas religiosas aprendidas.

– Foi muito estranho e, ao mesmo tempo, espiritualmente confortável – contava-me Gilberto –, ver-me rezando, suplicando ao Deus da vida que curasse nosso animalzinho de estimação. Compreendo, hoje, que o "Deus-Pronto-Socorro" que eu buscava era o quanto minha pobre e pouco evoluída fé e o desespero geral que sentia poderiam oferecer-me. E, apesar de todos os esforços e orações, nossa "pequena" não resistiu ao trauma sofrido. E não houve revoltas nem culpas, tampouco acusações mútuas. Houve, sim, *lições* que a dor nos ensinou. *Lições de desapego, de superação, de compreensão da brevidade* e *finitude da vida*. Nem eu nem minha esposa Judite havíamos passado por um golpe assim. Juntos choramos, juntos rezamos, juntos levantamos a cabeça para prosseguir na vida. Há, no entanto, um detalhe extremamente importante nessa história. Os caminhos que levam a Deus estão por toda parte. Qualquer dia, qualquer hora, em qualquer lugar ou situação, "o endereço de Deus" está aí, ao alcance de nossas mãos. Permitir-se descobri-lo é questão de graça e oportunidade. É enxergar, com os olhos do coração, o que antes nunca víamos. Tivemos alguns vislumbres do "endereço de Deus". Sentimo-nos mais perto dele, próximos à sua casa. Se ainda não adentramos o suficiente para "morarmos constantemente com ele", sabemos que isso é questão de tempo. A *dor* nos reaproximou, se bem que o *amor* e a *alegria* seriam motivos excelentes para levar-nos até ele. Há um "endereço" secreto escondido em cada acontecimento. Cabe-nos (e isso compreendemos hoje) descobri-lo em cada situação, em cada pequeno ou grande episódio, em cada pessoa que compõe o quadro de nosso relacionamento familiar ou social. A *solidariedade* é o distintivo do amor e nós a conhecemos de perto nos dias de nossa dor. Tanto que apenas a saudade ficou. A alegria retornou em forma de "Lolita", uma admirável cadelinha que o universo nos destinou pelas mãos de uma amiga. Hoje, rezamos agradecidos. Nosso habitual bom humor retornou, reforçado pela faceirice e pelas brincadeiras da pequena Lolita.

Foi longo o relato do casal. Um desabafo recheado de emoção que os conduziu a uma importante descoberta: *Deus mora ali, bem perto de nós.* Mais perto do que imaginamos.

Sorte deles que estão descobrindo o tão procurado "endereço"! Nem que sejam "vislumbres" dele. É o suficiente, quando se insiste em encontrá-lo. Prossigam sua busca, amigos!

*Não existe coisa mais próxima nem mais distante,
mais oculta e mais visível do que Deus.*
(Frei Luís de Granada)

24. O sagrado nos permeia

Chega um momento, na busca espiritual, em que as perguntas e as dúvidas a respeito do "endereço de Deus" lentamente desaparecem. O buscador, pela força de sua intuição, *sabe* que o *sagrado* permeia sua vida e que *Deus* faz parte do seu cotidiano.

Ele *sente* a presença do divino em todos os momentos do seu dia a dia, das mais simples às mais complicadas tarefas ou desafios a enfrentar. Serenamente conduz sua vida, confiante na mão do Senhor que o ampara e incentiva a prosseguir. O "céu" e a "terra"andam juntos, interligados pela fé que em tudo se manifesta.

Marlene e Luís eram típicos cristãos que, juntos, haviam encontrado um caminho de paz interior e absoluta confiança nos desígnios de Deus.

Anos de turbulência espiritual agitaram suas buscas religiosas. Quando jovens, eram questionadores inquietos, obstinados a encontrar a verdade, custasse o que custasse! Tinham *sede de Deus* e ainda não sabiam como saciá-la. A "samaritana" que morava em seus corações não conhecera ainda "o poço de Jacó", muito menos o misterioso personagem que aí os aguardaria para oferecer-lhes a "água viva" de que tanto necessitavam (cf. Jo 4,1-42).

Os anos passavam, os filhos cresciam, e Luís e Marlene – unidos no amor e na fé – cresciam também em suas buscas espirituais. Participavam de Encontros de Oração que alguns casais de sua comunidade organizavam e foi aí que encontraram "o poço de Jacó". O próprio Jesus os aguardava, sentado à beira dessa fonte.

Beberam, com ele, da "água do espírito", daquela que dessedenta nossas sedes e preenche de paz os nossos corações.

– Nossa vida transformou-se radicalmente – comentavam eles comigo. – Nossa inquietude serenou, aquietando nossa mente conflituosa. Deus começou a fazer parte da nossa família, de nossas aspirações, de nossos objetivos. Ele simplesmente estava ali: nós o sabíamos, porque um coração, tranquilo e confiante, no-lo dizia. Vivemos hoje *mergulhados no divino*, respirando Deus em tudo que fazemos.

Um casal que evoluiu. Superaram etapas, cresceram juntos em sua maravilhosa descoberta de Deus. *Vivem imersos no sagrado*, sentindo-se acolhidos e amados pelo Pai. Como filhos, em sua singeleza de espírito e pureza de coração, amam-no muito. Fazem parte dos *novos bem-aventurados*: discípulos do século XXI a escutar as mensagens do Mestre e a praticá-las com alegria.

Em casa ou na rua, no trabalho ou no lazer, nos momentos de oração ou viagens em família: Luís e Marlene nos apontam um novo jeito de aperfeiçoar-nos em nosso relacionamento com Deus. *Saber que ele está conosco*, em todos os instantes, de dia e de noite, na doença ou na saúde, faz-nos aprendizes afortunados das bem-aventuranças evangélicas.

Para nós, amigo leitor, um convite a seguir seus passos, um gostoso caminho a percorrer.

25. Imagens:
fantasias de Deus?

Em nossas limitações temos necessidades perfeitamente compreensíveis. Uma delas é a de *representar*, antropomorficamente, isto é, de acordo com nossas percepções visuais, de um "modo humano", o Deus em quem cremos. Nenhuma imagem, porém, condiz com a verdade. Todas são apenas fragmentos, fantasias, caricaturas de Deus, incapazes de reproduzir – nem que seja de leve, superficialmente – aquele que não se descreve, não se fotografa, *aquele que simplesmente é*. "Eu sou aquele que sou" (Ex 3,14).

Moisés talvez pouco entendesse do que Deus lhe dissera, mas foi assim que ele o apresentou ao povo: *"Aquele que é* mandou-me até vós. Aquele que sempre foi e sempre será. O Eterno, o Imutável, o Espírito Criador que se preocupa com a escravidão do povo hebreu e quer libertá-lo".

Um povo ainda rude, pouco evoluído em sua compreensão de Deus, não se contentava a não ser com a *presença visível* de um guia, de alguém que pudessem ver e tocar. "Vendo que Moisés demorava a descer do monte, o povo reuniu-se em torno de Aarão e lhe disse: 'Vem, faze-nos deuses que caminham à nossa frente'" (Ex 32,1-6). E sabemos em que se concretizou o pedido do povo: na fundição de um bezerro de ouro, resultado dos inúmeros brincos de ouro que o povo todo ofertou a pedido de Aarão. Ergueram um altar, colocaram nele o bezerro de ouro, prostrando-se em adoração diante dele. "Amanhã haverá festa em honra do Senhor", disse-lhes Aarão. Um "Senhor" de ouro fundido? Uma imagem grotesca, no nível de um povo não menos "grotesco" em sua compreensão de Deus?

E nós, povo de Deus do século XXI, *como representamos o Senhor*, querendo satisfazer nossos pobres sentidos humanos, presos a um mundo tridimensional, onde a *matéria* nos prende e dificulta nossos voos de infinito?

Somos águias com pés de galinha. Nosso espírito ensaia voos de libertação, enquanto nosso corpo nos limita aos horizontes da terra. Temos uma estranha necessidade de *imaginar como seria Deus*, necessidade que amarra nossos olhos e nossas mãos ao palpável, ao concreto, ao que seja de alguma forma *igual a nós*.

O "Tomé" que mora em nossa corporeidade quer *ver, sentir, tocar.* Só assim sua materialidade se contentará. "Se eu não vir a marca dos pregos em suas mãos; se eu não puser o dedo nas marcas dos pregos; se eu não puser a mão no seu lado, não acreditarei" (Jo 20,25).

Nos primeiros estágios da busca de Deus, adotamos um paradigma totalmente pragmático. "Ver para crer" precisa transformar-se, em nossa evolução espiritual, em "crer para ver". E o Mestre foi claro e incisivo: "Creste porque me viste? Bem-aventurados os que não viram e creram!" (Jo 20,29).

A verdadeira fé é despojada. A luz da fé ilumina nossos passos, tornando-os firmes e seguros. É do *coração* que essa fé brota. É um *dom de Deus* que a ele nos atrai. "Imagens" podem ajudar-nos em nossas buscas. "Ajudar-nos"... São sinais, apenas sinais do seu "endereço".

26. Somos todos pecadores?

Há um ditado popular, muito verdadeiro, que se encaixa perfeitamente em nossa reflexão: "O sol nasce para todos". Sem distinção de sexo ou cor, a dignidade do ser humano é a mesma perante o universo. Sobre os "bons" ou os "maus", sobre os "justos" ou "injustos", cada dia o sol se estende e a chuva cai de igual maneira (cf. Mt 5,45).

Analisando as memórias e os anseios da humanidade, constata-se a presença de um estranho sentimento de culpa – "culpa original"? – que a todos acompanha.

Seríamos todos pecadores?

Nossa condição de seres humanos, criaturas finitas e imperfeitas: seria isso que nos deixa com essa impressão de menos-valia?

Se Deus é imparcial e não julga nossos atos – somos nós que, um dia, perante ele nos julgaremos –, seu olhar de Pai é, então, igual para todos?

Aos olhos de Deus somos todos "santos e pecadores", compartilhando virtudes e defeitos, próprios da personalidade humana?

Em nossa busca de felicidade, em nossa busca de Deus, o *perdão* de um Pai misericordioso nos acompanha sempre. Voltando-nos para Deus, nossa alma se eleva e nos redime do mal. Somos "filhos pródigos", necessitados do abraço acolhedor e da festa que nos devolve a alegria original, aquela que nossa alma trouxe consigo ao vir para sua jornada terrena.

Deus nos permite ser felizes. Mais do que isso: *ele o deseja para todos*. É ele, em sua bondade, que nos liberta dos pecados, falhas inerentes à condição humana. Há um desejo de santidade em cada coração.

Há também a fraqueza do mal nos acompanhando. Há luz e trevas convivendo. Somos uma "Igreja santa e pecadora", ensina-nos a doutrina cristã. "Santa", porque seu fundador é santo, sua origem e seu destino são divinos. "Pecadora", porque é composta de "homens e mulheres" que carregam consigo a marca do pecado. Exatamente por sermos pecadores, esta Igreja, que é santa, acolhe-nos para lembrar a todos que nosso objetivo final é a santificação. "Sede perfeitos como vosso Pai celeste é perfeito" (Mt 5,48).

– Há muito caminho a percorrer!

– Há muita imperfeição a ser abolida!

– Há muita tendência carnal a ser sublimada!

– Há muito desafio a ser vencido!

Deus, porém, está conosco. Digam-no todos os buscadores sinceros: seu amor nos fortifica, seu perdão nos convida ao banquete do retorno. É difícil imaginar que *Deus faça festa por causa de nós.* Ainda mais, sendo pecadores...

É assim, no entanto, o coração de nosso Pai: alegra-se com a volta do filho, enche-se de júbilo pela ovelha perdida que foi encontrada. "Assim, haverá no céu alegria por um só pecador que se converte, mais do que por noventa e nove justos que não precisam de conversão" (Lc 15,7).

No acolhimento e no perdão de Deus descobrimos, felizes, seu "endereço".

*Somente se nos fizermos semelhantes a Deus
é que poderemos conhecê-lo.*
(Platão)

27. Parceiros da criação

A busca do "endereço de Deus" nos leva a descobri-lo nas maravilhas da criação. De um jeito, porém, diferente, de quem se extasia diante da complexidade do cérebro humano ou da sinfonia das galáxias, o "insight" agora é outro: de repente, você descobre que é *parceiro de Deus* na obra inacabada da criação. Sente-se responsável por tudo que faz ou deixa de fazer. E isso lhe empresta um grau de importância muito grande: *você é cocriador.*

Há um degrau a mais a ser considerado na escala de suas descobertas. De simples criatura – como a grande maioria se considera –, você passa a *colaborador de Deus.*

Você recebeu – como herança que a bondade divina lhe reservou – um *cérebro fantástico* e uma *mente* capaz de programar e executar seus desejos e aspirações. Você escreve sua história e Deus o permite. Não só permite, como abençoa seus sonhos e esforços de construção. Você participa diretamente do seu poder criativo. Seu interior – através de seus pensamentos e programações mentais – *materializa* a criação que você objetiva.

Deus se interessa por suas iniciativas. *É seu parceiro também*. Estende, sobre você e sua família, as bênçãos da saúde e da prosperidade, para que todos se realizem e sejam felizes. Claramente percebe que a vida flui como as águas livres de um riacho. Os resultados aparecem como por encanto: *tudo conspira a seu favor*. Você e Deus são "sócios", muito bem-sucedidos.

– Cada móvel que faço – dizia-me Pedro –, é uma pequena obra de arte que Deus realiza através de minhas mãos de marceneiro. Sinto-me orgulhoso! Descobri "o endereço de Deus" em minha modesta marcenaria. No início eu apenas fazia móveis. Agora, transformo a "invenção" de Deus, que me fornece a madeira nobre, num ato de amor. Somos (Deus e eu) corresponsáveis por este móvel que acaba enfeitando um lar, um escritório, uma escola, sendo útil para todos. Foi preciso que uma nova luz se acendesse em meu coração para enxergar o que antes não via: tornara-me *parceiro da criação.* Rezo ao fazer meus móveis. A prece agradecida e silenciosa me acompanha o dia todo. Há um clima de alegria em meus poucos, mas dedicados, funcionários. Sempre que posso, incentivo-os a sentirem-se como eu: *colaboradores de Deus.* Para alguns, ainda é cedo. Apenas trabalham por seu salário. Outros, no entanto, começam a entender que "fazer móveis" pode ser algo diferente. É a hora da graça chegando...

Para encerrarmos esta reflexão, amigo leitor, proponho-lhe algumas perguntas muito pessoais:

– Qual sua parcela de colaboração no projeto de Deus?

– É operário, arquiteto, médico ou terapeuta, ou exerce outra profissão entre as centenas que existem?

– Por mais humilde que seja – gari ou faxineiro –, tudo é parte importante do grande e maravilhoso projeto do universo. Você compartilha essa ideia?

Somos mais que simples trabalhadores: somos *transformadores.* Falamos e agimos em parceria com Deus. Da terra preparada à semente plantada, do pão amassado ao móvel da mesa: a mão de Deus agindo através da nossa. Parceria que deu certo...

28. Milagres acontecem

Vivemos num mundo limitado, sujeito às leis de *causa e efeito*. Nosso tempo é linear e nossas possibilidades são regidas pelas leis da física. Temos imensas capacidades mentais e nosso cérebro é o mais sofisticado computador que existe. Tanto que, desde a primeira vez que o homem viu um pássaro voando, despertou também nele o desejo de voar. E aí estão os aviões a jato, as viagens espaciais, realizando o sonho do homem de ter asas.

Há, no entanto, limites e sempre os haverá, enquanto formos moradores de um planeta ainda pouco desenvolvido. Nosso alcance – até o momento – não passa da terceira dimensão.

Na *quarta dimensão* acontecem os *milagres*. É a dimensão do espírito, onde a energia quântica predomina e as "leis" são outras. Lá não existem limites. É o reino do "sobrenatural", onde as leis da física que nos regem aqui são superadas. O que, aos nossos olhos, é "milagre", é natural para Deus e seus anjos mensageiros. O impossível para nós não o é para o Senhor. "Tudo é possível para Deus", afirmou Jesus (Mc 10,27).

Milagres são bênçãos de Deus para seus filhos. Em toda parte, diariamente, eles se realizam. Não ocorrem apenas no Santuário de Fátima ou na gruta de Nossa Senhora de Lourdes. Em todos os hospitais do mundo há médicos, perplexos, falando de "remissão espontânea de doenças", porque sua falta de fé impede-os de admitir o milagre.

E quantas mães, ao redor do planeta, poderiam testemunhar a ocorrência de verdadeiros milagres em favor de seus filhos enfermos, salvos inexplicavelmente?

E jovens incautos – e quantos! – retirados dos escombros de carros, em graves acidentes, "milagrosamente" vivos?

E náufragos, e perdidos em matas, e soterrados em avalanches, e doentes terminais: todos salvos pela mão de Deus. O que diriam eles?

Romi, mãe de uma menina de sete anos, coberta de feridas por todo corpo, desenganada pelos médicos quanto à cura desse mal, relatou-me um fato extraordinário, um milagre que ela atribui aos três mártires rio-grandenses – Roque, Afonso e João.

Era o dia da grande romaria ao Santuário dos então beatos mártires, em Caaró (RS): 17 de novembro de 1955.

Romi havia feito uma novena em honra aos mártires, pedindo ardentemente a cura de sua filha. Ela iria banhá-la na água milagrosa de uma inesgotável e límpida fonte que jorra cristalina, próxima ao local do martírio dos Padres Roque e Afonso. Traria alguns litros dessa água para colocar diariamente um pouco dela na água do banho da menina. Continuaria rezando, suplicando a cura de sua filha. Trinta dias depois, o último copo de água de Caaró foi misturado à água para o banho. E eis a surpresa! No dia seguinte, a pele da menina – que apresentara pequenas melhoras nos dias anteriores – amanheceu curada, totalmente limpa. Seu corpo não guardou sinal algum da doença. Estava perfeito, bonito e saudável, como hoje ainda continua.

Milagre?... Tire suas próprias conclusões, leitor amigo.

Lembre-se apenas da afirmação do Mestre: "Tudo é possível para quem crê" (Mc 9,23). A fé é nossa capacidade de contato com a quarta dimensão. É ela que libera a *energia quântica* totalmente superior às energias meramente humanas.

Milagre é graça de Deus que ele pode liberar mediante nossa fé. Sua mão poderosa tudo pode. Ela nos redime, liberta e santifica. É necessário apenas que acolhamos suas bênçãos, vivendo nossa fé com alegria e pureza de coração.

Para nós, *milagres* também são "endereços de Deus". E muito especiais! Em vez de irmos à sua casa, é ele quem nos visita. Seu amor vem a nós e nos cura, salvando-nos de todo mal.

Só nos resta agradecer. E muito!

29. Somos ainda imperfeitos

Apesar de toda nossa boa vontade, nossos pecados nos limitam. É a *ignorância* que nos desvia do caminho do bem. A ignorância das leis do universo e do desejo de Deus a nosso respeito bloqueia nossos passos. Vivemos na ambiguidade do ódio e do amor, das trevas e da luz, do mal e do bem.

Lutamos constantemente contra os dragões que intentam devorar-nos. A espada da fé nos defende, tornando-nos incólumes e vitoriosos. Se há fracassos que nos ensinam a ficar mais atentos, há também sucessos a festejar. Nossa alma, contudo, está inquieta e sua insatisfação nos lança cada vez mais em busca de respostas. E quando elas vêm, já não satisfazem mais porque outras surgiram em seu lugar.

Aos poucos a consciência desperta. Mesmo sem saber ao certo quem somos, muito menos quem é Deus, prosseguimos em busca de seu "endereço". Encontrá-lo é fundamental para que a paz interior retorne ao coração.

Peregrinos nesta terra, em que tudo é transitório e nada nos pertence, sentimo-nos perdidos, confusos e inseguros. *Sabemos que é preciso caminhar*, mesmo sem saber se estamos na direção certa.

Esta é a "certeza" de nossa fé: sabermos que a *incerteza* é nosso desafio e que o deserto é vasto e traiçoeiro. No entanto *ele esconde um oásis...* Por ele, vale a pena caminhar!

Nosso oásis é "o endereço de Deus". Por ser árduo e difícil o caminho, muitos desistem da busca. Conformam-se com o deserto, esquecendo que "parar é morrer". Cansaram da jornada e o desânimo os prostra.

A dor da caminhada, o peso da solidão, a fome e a sede da alma, porém, nos acordam. Sacudimos a poeira, juntamos nossas últimas forças e voltamos a caminhar. Quando menos esperarmos, a face de Deus se revela. Porque ele assim o quer. Porque ele nos ama e vem ao encontro de seus filhos cansados.

Marina era uma alma inquieta, atraída irresistivelmente por Deus. Percorrera inúmeros desertos, andara pelos mais incríveis caminhos. Um único desejo movia seu coração: *encontrar-se com Deus*. Onde e quando não importava. Sua única certeza era a convicção de que, *em algum lugar, num dia especial, Deus a aguardava.*

– Foi assim que aconteceu – revelou-me um dia Marina. – A graça de Deus me envolveu com tanta suavidade, tanta ternura, que um choro incontrolável tomou conta de mim. Havia aquietado minha alma, orando e meditando no silêncio do meu quarto. Sentia-me agraciada, sem grandes méritos de minha parte. O amor de Deus me revelara sua face. Sei apenas que, nesse dia, *conheci a felicidade.* Meu coração se extasiou e uma grande paz me invadiu. Sabia que ele estava ali, comigo.

Fica ainda um lembrete final, leitor amigo! Não importa o quão imperfeito e pecador você possa sentir-se: prossiga em sua busca! Deus o aguarda e em algum lugar, num dia muito especial, vocês se encontrarão!

Deus é como o vento que passa:
sentimo-lo em toda parte
e não o vemos em lugar nenhum.
(J. Normand)

30. Os sinais
que nos são enviados

Os "mensageiros" de Deus estão por toda parte. Apesar disso, passamos por eles sem percebê-los. Quando nos encontramos com eles, não os reconhecemos.

A cada dia, inúmeros sinais nos são endereçados. São como "anjos" que Deus envia. É o jeito de ele visitar-nos e falar conosco.

Desatentos e racionais, muitas vezes demoramos a interpretar os avisos do universo. À primeira vista parecem indiferentes, sem relação com nossa vida. E eles passam...

Em seu amor pelos homens, *Deus quer fazer-se conhecer*. Ele vem ao nosso encontro através de muitos sinais, próprios para ensinar-nos a desvendar suas manifestações.

As *crenças populares* acreditam em "acasos". Para uma fé mais esclarecida, *acaso não existe*. Tudo no universo é interligado. Uma intenção, além de nossas frágeis compreensões, tudo organiza e dirige. Nessa perspectiva, não há vítimas. Somos todos corresponsáveis por tudo que nos sucede. O tempo todo fazemos escolhas, porque Deus assim o permite, em respeito ao nosso livre-arbítrio.

Interessado em ajudar-nos, Deus nos alerta ao longo de nossa caminhada. Quer, de alguma forma, facilitar nossos passos. Proteger-nos. Evitar que façamos escolhas erradas. Ou, simplesmente, mostrar que nos ama.

Há alguns anos, eu precisava realizar uma delicada cirurgia. Era início de um câncer. Ao ser detectado, o susto inicial abalou-me um pouco.

No entanto, vencer o "invasor" exigia também fortalecer minha fé e meu sistema imunológico. Várias pessoas – algumas desconhecidas – "surgiram" então em minha vida, oferecendo-me livros sobre o assunto. Revistas de saúde que eu assinava, exatamente *naquele mês* traziam farto material relativo ao meu tipo de cirurgia. *Tudo conspirava a meu favor.* Uma grande "sincronicidade", como explica Jung[1] em seus escritos.

---

[1] JUNG, C. Gustav. *Obras completas.* Petrópolis: Vozes, 1978.

Descobri, mais tarde, já curado, que era Deus se manifestando. Era seu jeito de dizer-me: "Estou com você nessa cirurgia. Confie!".

E assim aconteceu. Alguém me indicou até o médico adequado ao meu caso.

Ao sair, certo dia, de um laboratório, desnorteado com a notícia, alguém me acalmou:

– Fique tranquilo! O médico que lhe sugeri é muito competente. Foi ele "a mão de Deus" que me operou também.

Que "coincidência" aquele encontro! Mais tarde entendi que era mais um "sinal" dos muitos que Deus me dera.

Um paciente meu, antes de iniciar a sessão de terapia holística, dizia-se feliz por ter-me encontrado.

– O senhor nem sabe como a vida é curiosa! Tanto procurei seu telefone e agora descobri que mora na mesma cidade que eu! Ainda mais que foi numa padaria que escutei falarem de um "novo terapeuta" que viera morar na cidade. É muita "coincidência"!

E se fossem "mensageiros de Deus", os que estavam falando a respeito deste terapeuta?

E se a mão de Deus tivesse guiado os passos desse homem que tanto precisava de ajuda, a entrar *naquela padaria naquele exato momento*, mesmo sem saber ao certo o que iria comprar, como ele mesmo afirmava?

Isso tudo ultrapassa o "mero acaso". Ao que normalmente chamamos "coincidências", o mundo espiritual denomina de "sinais". Cabe-nos unicamente a tarefa de interpretá-los, à luz da intuição e da fé, quando o universo nos brinda com estes "anjos" em forma de livros, revistas, amigos ocasionais, telefonemas imprevistos, visitas inesperadas...

Olhos abertos e ouvidos atentos: *Deus está passando!* Seus sinais nos falam do seu "endereço". É só segui-los...

31. Como bons amigos

Ao longo destas páginas repetidamente lembramos: *existe um "endereço de Deus" para cada pessoa*. Mesmo que a descoberta se dê a dois, em grupo ou em comunidade, cada qual tem sua própria experiência: *"vê" e "sente" Deus do seu jeito*. Nossa alma – que é a essência divina que nos identifica – vivencia de forma totalmente *única* seu encontro com Deus. Somos como um raio de luz saindo deste Sol Central, eternamente ligados a ele, origem e razão de nossa existência. Deus *é* e nós *somos*, não por nós mesmos, mas por força e vontade dele.

Eis a comunhão, cada vez mais estreita e profunda que nos aguarda em nosso caminho para Deus, fim supremo de nossa jornada.

Uma estranha saudade – misteriosa nostalgia – invade nossa alma em certos dias. É como se lembrássemos *de onde viemos* e a vontade de *voltar para lá* nos fizesse sofrer.

Sensação de estarmos "separados"? De estarmos "longe"?

A *ilusão* da separação e da distância nos incomodando?

Falta-nos a *experiência da fusão com Deus*, para que o céu e a terra se toquem e vivam como se fossem um?

Deus em nós. Nós em Deus. Nossa origem e nosso fim se interligando conosco. "Na casa de meu Pai" há lugar para todos. Na hora certa cada um terá o seu. É aqui, no entanto, aqui no planeta Terra, que "este céu" começa. Santificar-se é viver, *aqui e agora*, uma crescente união com Deus, a ponto de transcender o mundo material, fazendo dele apenas uma ponte para o definitivo.

Se Deus nos permitiu um estágio terreno – como aprendizes do universo –, é unicamente porque deseja ver-nos melhores, santificados ao retornar. Se *aqui* a felicidade é como sombra e pela fé buscamos iluminá-la, confiantes caminhamos ao encontro das Grandes Promessas.

"Vi então um novo céu e uma nova terra. Pois o primeiro céu e a primeira terra passaram. Esta é a morada de Deus-com-os-homens. Ele vai morar junto deles. Eles serão o seu povo e o próprio Deus--com-eles será seu Deus" (Ap 21,1-7).

João era um homem simples, porém sábio. As lições da vida, acumuladas ao longo dos anos e guardadas com amor em seu coração, fizeram dele um "bem- aventurado". O Sermão da Montanha (Mt 5,1-12), das *intrigantes bem-aventuranças aos olhos mundanos*, João as conhecia na prática. Semi-analfabeto, de pouca leitura, relia certas passagens bíblicas com lentidão e paciência, deixando palavra por palavra – qual "chuva mansa", dizia ele – penetrar na terra sedenta de seu coração de caboclo.

Homem bom, trabalhador, marido carinhoso, pai presente, um ar de felicidade nos olhos, João vivia uma profunda fé. *Sentia-se*, como costumava dizer, *ligado com Deus,* em *parceria e comunhão permanente com ele.*

– Não sei explicar com palavras letradas, de quem tem estudo, o que sinto. Nem sei se dá para explicar. Sei apenas que *Deus está comigo e eu com ele.* Somos amigos. A fé nos aproxima sempre mais. Um dia ficaremos juntos para sempre. Quer dizer, "mais juntos", na mesma Casa...

Assim era João. Seu jeito humilde escondia um santo. Seus familiares e amigos amavam sua alegria contagiante. A força de sua fé superava quaisquer obstáculos que a vida lhe reservasse. Vivia confiante, seguro nas mãos de Deus.

João descobrira "o endereço de Deus". Aqui mesmo, aprendeu a morar com ele. Viviam em perfeita e profunda união, *como bons amigos...* Este era o jeito de João.

E o seu, qual é?

32. Nossa mente em busca de Deus

Um famoso médico,[1] conhecedor profundo das ligações entre mente e cérebro, após empolgante palestra a respeito do assunto, para assombro de todos os participantes, concluiu suas palavras de forma totalmente inusitada:

– Eis alguns dos mistérios da mente e do cérebro. Este, podemos mensurá-lo e entendê-lo um pouco melhor. A mente?... Não me perguntem o que é. Estamos diante do inexplicável. Só Deus sabe que maravilha ele fez!

Fiquei pasmo com seu final inesperado. Eu era um dos aprendizes daquele curso de Programação Neurolinguística. Pensara ter compreendido um pouco das maravilhas da mente humana com os eloquentes esclarecimentos dados pelo mestre. E no final, ouvi-lo dizer "não sei o que é a mente", deixou-me deveras intrigado.

---

[1] SPRITZER, Nelson. *O novo cérebro*. Porto Alegre: L&PM, 1995.

Perguntas e mais perguntas pipocaram em minha cabeça. Algumas certezas? Parece que sim!

Mente e cérebro são distintos.

Um complementa o outro.

O "imaterial" utilizando o material para expressar-se.

A mente pensa e o cérebro reage ao conteúdo do pensamento, criando uma reação química de acordo.

A mente cria os pensamentos. O cérebro os decodifica e procura executá-los.

E a mente inconsciente, o que é?

Se o consciente é o programador, o inconsciente é o que realiza a programação, através do cérebro, sem questionar se é boa ou ruim, benéfica ou não?

E os pensamentos, não vêm eles da Mente Universal, tanto que, em várias partes do planeta, pessoas distintas, simultaneamente, podem discorrer sobre o mesmo assunto, cada qual convicta de que "este pensamento é seu", que é unicamente inspiração sua o que está falando ou escrevendo?

Que ligação haveria entre a mente e a busca de Deus que, de alguma forma, todo ser humano empreende?

Se a mente se origina da *realidade quântica*, ela é inerente à alma de cada pessoa?

Como ela, em muito, ultrapassa os limites do cérebro, estaria mais preparada para "desvendar" os enigmas de Deus?

Onde entrariam aqui *a fé e o coração*, na misteriosa busca de Deus?

Se a *razão* é incapaz de entendê-lo, o quanto poderá ela ajudar na descoberta do "endereço de Deus"?

Sem fé, não "existe" Deus para mim. Veja: "para mim"... ele *é*, independentemente de eu nele crer.

Ele é uma exigência, um pré-requisito da criação. Pela fé, no entanto, me aproximo dele. Pela fé, acolho seu amor, abraço sua misericórdia, agradeço seu perdão.

Meu *coração* – centro de minhas emoções – *sente* a presença de Deus e não discute a sua veracidade.

Mesmo que pouco entenda; que o mistério seja inefável; que ao "finito" seja impossível compreender o Infinito... O coração do crente vivencia

Deus e isso satisfaz seu anseio. *Nada supera o que ele sente*: esta é sua verdade.

"O endereço de Deus", às vezes, está mais perto do que imaginamos. A mente, clareando as razões da busca, pode auxiliar-nos em nossas descobertas. Basta manter os canais abertos, receptivos, aptos a detectar os obstáculos do caminho.

– Há *medos* disfarçados em desculpas de impossibilidade de encontrar "o endereço de Deus" tão sonhado?

– Há o *temor* do sagrado, afastando-nos da direção correta?

– Há as constantes *interferências do ego*, distraindo-nos do objetivo proposto, oferecendo-nos "outros deuses" mais atrativos e fáceis de alcançar?

A hora e a vez da fé precisam agir.

É agora, mais do que nunca, que o coração precisa falar.

Se a mente também diz que sim, o que lhe falta para ir em busca do "endereço de Deus"?

A resposta é sua. Unicamente sua.

33. Na experiência da unicidade

Conta-nos o relato bíblico que uma das mais profundas recomendações que o Criador deu ao primeiro casal humano – protótipo de todos os casais da terra – foi a de serem tão estreitamente unidos no amor que se tornassem um: "... e eles serão *uma só carne*" (Gn 2,24b).

A experiência da separação nos proporciona um sentimento de vazio e de solidão extremamente doloridos. Deus, sabendo disso, fez-nos participar do seu amor, capaz de nos reconduzir à unidade.

Jesus, o enviado do Pai para revelar-nos seus planos, inúmeras vezes – para escândalo dos ouvintes – afirmava categoricamente: "Eu e o Pai somos um" (Jo 10,30).

Nas últimas exortações que deixou aos apóstolos na noite de sua despedida, o Mestre suplicava em oração ao Pai: "Que todos sejam um" (Jo 17,21).

Este é o sinal: *a unidade no amor.* "A fim de que o mundo creia que tu me enviaste" (Jo 17,21b).

Maravilhosamente bem os primeiros seguidores de Jesus demonstraram que haviam entendido a essência da pregação do Mestre: "A multidão dos fiéis era um só coração e uma só alma" (At 4,32). Vendo como eles se amavam, testemunhando sua fé em Cristo ressuscitado, o número dos que a eles aderiam aumentava dia após dia (cf. At 2,47b).

Na experiência da unidade, abnegada e alegremente viviam a grandeza de seu amor partilhado.

É assim também hoje na vivência familiar e conjugal, ou mesmo comunitária. Nos lares em que a *fé* e o *amor* são as características marcantes entre pais e filhos, entre esposo e esposa, ou na doação voluntária ao próximo, a solidão não tem vez.

Ela é fruto do sentimento de separação que o ser humano experimenta, por achar que está "longe de Deus". *Só o amor é capaz de suprir esta estranha sensação.*

Nele e por ele, cria-se a *unicidade* tão almejada.

É como retornar ao lar, à Casa de onde a alma um dia partiu. É como encontrar, enfim, "o endereço de Deus".

Marcos e Marcelita – as quatro primeiras letras de seus nomes seriam um prenúncio?... – relataram-me um dia sua fascinante *experiência de unicidade* vivida em suas relações sexuais. Fundiam-se tanto em seu amor, no aconchego da ternura e do carinho que os envolvia, que seus corpos tornavam-se profundamente *um só*. Era o êxtase da unicidade, um momento fugaz transformado em eternidade.

Como se as almas se fundissem na fusão dos corpos. Um gosto momentâneo de totalidade invadia seus corações. Sentiam-se um só. Momento alegre, divino e maravilhoso. Sabor de céu degustado na terra.

No amor verdadeiro não há separação entre profano e sagrado. Nele, tudo é sagrado. Deus é sua fonte e seu destino, não importa se é rezando ou amando que o casal o expressa. O importante é sentir-se tão vivamente ligado ao outro que a unidade se faz sentir como nos primórdios do cristianismo: também eles eram "um só coração e uma só alma".

Marcos e Marcelita, num voo de fé, transformavam seu convívio diário em sublimação da sexualidade partilhada. Coisas do amor... só ele é capaz de fazer o milagre acontecer: *dois* serem *um*.

34. Sua casa, seu coração – eis "o endereço de Deus"

Nas palavras de Jesus, repetidas vezes ao longo de sua pregação, o "Reino de Deus" ganhou destaque especial. Este Reino que "não é deste mundo" (Jo 18,36); um Reino, portanto, sem armas e soldados, sem poder e dominação. Um Reino diferente.

O "Reino dos céus é semelhante"... e o Mestre conta ao povo belíssimas parábolas que ilustram sua mensagem: é como a semente do agricultor, como a rede, como a pedra preciosa, como o grão de mostarda... (Mt 13,1-58). Ele tem suas raízes aqui, mas cresce em direção ao céu. Sua terra *é o coração humano*, pois é aí que ele se desenvolve e frutifica. É aí que devemos procurá-lo: *dentro de nós*.

"O endereço de Deus" não é encontrado "fora", distante, como se ele estivesse acima das nuvens, no "céu". Pelo contrário, é em *sua casa*, em *seu coração*, que ele se esconde. Procure-o em seu íntimo e Deus revelar-se-á.

Helena era assim: eterna aprendiz, uma incansável e confiante buscadora de Deus. Percorrera os mais diversos caminhos ao longo de suas buscas. Andara por todas as estradas que lhe indicassem, sem a certeza de haver encontrado "o endereço de Deus".

Quando pensava tê-lo descoberto, desiludia-se ao constatar que ainda não fora dessa vez. Persistentemente voltava a procurar. Teria que encontrá-lo! Era impossível não ser atendida, se a fé que movia seu coração lhe dizia que sim. "Procurai e encontrareis! Batei e a porta vos será aberta!" (Mt 7,7).

– Eu andava um tanto desanimada – confessou-me Helena. – Decepcionada com a falta de respostas aos meus pedidos. Descrente de mim e do próprio amor de Deus em atender-me. Até que um dia... No silêncio do meu quarto (cf. Mt 6,5-6), *ao entrar* em *oração, no mais íntimo de mim, Deus se revelou.* Senti meu coração ser envolvido por sua presença. Seu amor tomou conta de mim e tive a certeza de ser *uma* com ele. Era tanta felicidade que abrasava meu coração que ele transbordava de pura alegria. *Meu coração tornou-se "o endereço de Deus"*, quando tão longe e fora de mim o procurava. Agora sei *onde e como encontrá-lo.* O amor de Deus me presenteou com o dia mais gratificante e maravilhoso de minha vida. Estou feliz, muito feliz!

Era Helena relatando sua experiência.

É você fazendo suas buscas e descobertas.

Você já sabe: sua *casa* e seu *coração* são "o endereço de Deus" que tanto procura.

Feliz encontro!

*Meus amigos: Deus me é necessário
porque é o único ser capaz de amar eternamente.*
(Fiódor Dostoievski)

35. Buscar, buscar sempre!

Encontrar "o endereço de Deus", por vezes, é uma longa e misteriosa busca. O Mestre Jesus já alertava sobre a *persistência* na aquisição de nossos objetivos. A tentação é sempre a mesma, quando as dificuldades aumentam: desistir no meio do caminho. "Quem perseverar até o fim este será salvo" (Mt 10,22b).

— Há trevas encobrindo nossa luz.

— Há pedras machucando nossos pés.

— Há vozes desviando-nos de nossos propósitos.

— Há falsos profetas querendo enganar-nos.

— Há ilusões mundanas que nos atraem.

— E é grande a vontade que sentimos de voltar atrás. Parece que Deus se esconde de nós. Que é muito distante onde ele mora. Que é difícil encontrá-lo...

As nuvens do desânimo cruzam nosso céu, vedando nossos olhos. De repente sopra de novo o vento da fé e nosso coração se anima.

— Sei que vou encontrá-lo — diz-me Luiza.

– Ouço sua voz me chamando – confirma Carlos.

– Sinto sua presença amorosa comigo – ressalta Carmen.

– Meu coração não falha! – exclama Afonso.

– Sei que ele está aqui, entre nós – afirma Beatriz, jovem de um Grupo de Emaús.

Inúmeros seriam os depoimentos que aqui poderíamos relatar. Cada qual com sua própria identidade. Todos diferentes e todos iguais: *todos buscando encontrar Deus.*

A seu modo, único e intransferível, cada um percebe seus sinais. Há quem o "veja". Há quem o "ouça". Há quem o "sinta". Todos convictos do mesmo e importante acontecimento: *seu encontro com o Senhor.*

E nós, amigo leitor, que ao longo destas páginas tornamo-nos irmãos, buscadores do mesmo "endereço", convém que nos lembremos de algumas recomendações finais para a caminhada.

- *Purificar o coração* de falsos orgulhos que tentam tornar-nos autossuficientes em nossa busca.

- Só a *fé* pode indicar-nos o caminho verdadeiro.
- Ser feliz é viver com Deus, esteja seu "endereço" onde estiver. *Ele é nossa felicidade.*
- *Todos somos iguais* em nossa busca de Deus. Estamos na mesma estrada e ninguém é melhor que o outro.
- Somos santos e pecadores, e *Deus nos acolhe assim.*

Marta e Maria, Pedro e João, a ovelha perdida e o filho pródigo, a adúltera e a samaritana: todos são convidados a sentar-se à mesma mesa.

Descobrir "o endereço de Deus" e morar com ele é o supremo anseio do ser humano. "Nosso coração – como tão bem dizia Santo Agostinho – está inquieto e não repousa enquanto não tiver encontrado Deus."

Os caminhos são muitos. Os viandantes são bilhões. O "endereço" é único e pessoal. Vá em sua busca! O encontro já está marcado. Em algum lugar, Deus o aguarda.

Impresso na gráfica da
Pia Sociedade Filhas de São Paulo
Via Raposo Tavares, km 19,145
05577-300 - São Paulo, SP - Brasil - 2016